ÉVEIL ET VERTICALITÉ

Essai sur la transcendance et sur le chemin de transformation qui y conduit

Olivier CLOUZOT

Le Souffle d'Or
BP 3
05300 BARRET-LE-BAS

Couverture : Epymaque / La Bâtie-Montsaléon (05)
Photocomposition : A' Prim / Serres (05)
Impression et façonnage : Lienhart / Aubenas (07)

Dépôt légal : mai 2000
ISBN 2 84058 179 5

Le Souffle d'Or
BP 3
05300 BARRET-LE-BAS

Vous êtes vous-même le temple. Vous êtes le laboratoire ; l'expérience se déroule en vous.

Osho RAJNEESH

La transcendance s'expérimente à chaque instant.

Annick de SOUZENELLE

L'illumination comporte différentes étapes, différents degrés.

Oscar ICHAZO

Du même auteur

APPRENDRE AUTREMENT
Clés pour le développement personnel
(écrit avec Annie Bloch)
Les Éditions d'Organisation, 1981 – Livre de Poche, 1997
Éditions Holistiques, 1998 (*)

ENSEIGNER AUTREMENT
Des logiques éducatives à la transparence pédagogique
Les Éditions d'Organisation, 1989 *(épuisé)*

ÉDUCATION POUR LE TROISIÈME MILLÉNAIRE (*)
Des logiques éducatives à la transparence pédagogique
Éditions Holistiques, Recouvrance, 1999

FORMER AUTREMENT (*)
Apprentissages intellectuels, langage et structuration des connaissances
Les Éditions d'Organisation, 1990

ANIMER AUTREMENT (*)
Clés pour une pratique holistique de la pédagogie
Les Éditions d'Organisation, 1992

DOUZE FICHES PÉDAGOGIQUES SUR L'UTILISATION DES QUATRE PLANS FONDAMENTAUX DE L'ÊTRE DANS L'ENSEIGNEMENT ET LA FORMATION (*)
Éditions Holistiques, 1998

LA TRIALECTIQUE et le modèle des TROIS LOGIQUES dans le monde d'aujourd'hui (*)
Éditions Holistiques, 1998

QUESTIONNAIRE HOLISTIQUE D'AUTO-ANALYSE ET DE CLARIFICATION DE SOI (*)
« Connais-toi toi-même et tu connaîtras l'Univers et les Dieux »
Éditions Holistiques, 1999

(*) Ouvrages distribués par le Centre de Recouvrance,
83330 Le Beausset-Vieux — Tel : 04 94 98 76 79 – Fax : 04 94 90 53 88

SOMMAIRE

à Lanza Del Vasto,
Arnaud Desjardins,
Oscar Ichazo,
et Dane Rudhyar.

Prologue

Ce livre présente un **modèle de l'évolution humaine en quatre grandes étapes obéissant à des dynamiques et à des logiques très différentes**, de l'enfance à la maturité, de l'immanence à la transcendance, de l'état de sommeil à celui de l'éveil, de la prison du moi à la libération et la réalisation de soi – **quatre étapes séparées par trois crises** (auxquelles s'ajoute la crise de la naissance). Ce livre est d'ailleurs marqué par le nombre *quatre*, car il est le fruit d'une quadruple influence que j'ai reçue des "hommes remarquables" auxquels il est dédié.

Pendant les années soixante-dix, alors que j'avais déjà commencé à travailler avec l'École Arica, j'ai vu une émission de télévision consacrée à **Lanza Del Vasto** pendant laquelle celui-ci avait parlé du symbolisme de la croix d'une manière qui m'avait fortement interpellé. Il disait que la croix n'était pas du tout ce symbole de mort que la croyance populaire en avait fait, mais qu'elle représentait au contraire la vie totale dans ses deux grandes dimensions de l'horizontalité (la vie sociale extérieure) et de la verticalité (la vie intérieure et la connaissance de soi). Je ne me souviens plus des termes exacts qu'il avait employés, mais c'est cela que j'en ai retenu. Depuis mon adolescence, Lanza avait pris une certaine place dans mon existence parce que, lorsque j'avais treize ans, il avait épousé la sœur de ma mère,

Simone Gebelin, qu'il avait appelée *"Chanterelle"* pour sa voix magnifique d'une grande pureté qui montait très haut lorsqu'elle chantait, comme la corde la plus fine du violon. Chanterelle, qui était aussi ma marraine et qui, depuis qu'elle m'avait porté sur les fonds baptismaux, avait joué son rôle avec beaucoup de tendresse et de doigté, comptait énormément pour moi : elle avait une simplicité, une vitalité, une joie permanente communicative, qui lui donnaient beaucoup de rayonnement, et une présence spirituelle que je trouvais très attractive, beaucoup plus en tous cas à mes yeux que celle de Lanza. Je donne ces détails parce que Lanza a éveillé spirituellement un grand nombre de personnes, mais pas moi qui avais été, dès l'enfance, fortement marqué sur ce plan par celle qui devint par la suite son épouse. J'ai suivi quelques causeries et conférences qu'il donna à Marseille pendant que j'y faisais mes études, mais je me sentais peu concerné par son enseignement, surtout du fait qu'il condamnait avec véhémence la science et la technologie pour prôner un retour à la nature et au travail manuel, à l'instar de ce que ses maîtres, Gandhi et Vinoba, avaient fait en Inde. Pour l'intellectuel convaincu que j'étais, ce rejet de la science était difficilement acceptable ! C'est donc longtemps après m'être démarqué de la plupart des idées de mon oncle que, vers quarante ans, j'ai entendu pour la première fois dans sa bouche des propos qui m'ont profondément touché, et qui ont été à l'origine d'une recherche qui est devenue de plus en plus essentielle pour moi. Une dimension spirituelle que Chanterelle manifestait naturellement à mes yeux prenait soudain, grâce à Lanza Del Vasto, une portée conceptuelle qui jusque là m'avait échappé.

Les influences auxquelles on s'ouvre soudain correspondent à une alchimie subtile. Le rôle qu'a commencé à jouer pour moi **Arnaud Desjardins** date de la fin de 1969, alors que je venais d'entrer dans ce qui est appelé dans ce livre la *"première crise"* en me cassant la jambe aux sports d'hiver et en amorçant avec ma première épouse un processus conflictuel qui nous conduisit au divorce. Je ne sais plus par quel concours de circonstances j'ai découvert le volume 1 des *"Chemins de la Sagesse"* d'Arnaud qui venait de paraître, mais ce livre a eu sur moi un effet surprenant : je le trouvais d'une évidence lumineuse ! J'étais en révolte depuis des années contre la religion catholique que j'associais, non sans raisons personnelles, à une oppression de la sexualité. *"L'Unique et sa propriété"* de Max Stirner était mon livre de chevet, et ma devise *"Ni Dieu, ni maître"*, et je me passionnais pour Freud et pour la psychanalyse. Je connaissais une psychiatre qui était en psychanalyse, et je m'intéressais beaucoup aux péripéties de son travail psychanalytique qu'elle parvenait à me raconter. Je me souviens d'une de nos rencontres dans le studio qu'un de ses amis lui avait prêté, rencontre à laquelle je m'étais rendu avec le livre de Desjardins sous le bras que je n'avais pas encore lu. Dans ce studio parisien, il y avait une petite bibliothèque très cossue avec une jolie collection de volumes reliés en cuir bleu dans lesquels étaient imprimées les *"Mémoires"* de Casanova. Je pris au hasard un de ces volumes et commençai à le lire, tandis que mon amie s'emparait des *"Chemins de la sagesse"* que j'avais délaissés, et qu'elle se mettait à le feuilleter, à m'en lire des extraits en se moquant de moi : *"La Délivrance n'est ni dans le mal ni dans le bien. Le mal est une chaîne de plomb et le bien une chaîne d'or. La Délivrance est dans la disparition de l'ego... Le mal, c'est l'ignorance. Le bien, c'est la connaissance. Le mal, c'est le sommeil. Le bien, c'est l'éveil. La voie commence avec l'acceptation totale de ce qu'est l'homme, l'acceptation totale par chacun de ce qu'il est..."* – pour moi, ces phrases n'étaient pas ridicules du tout, et j'abandonnai le livre de Casanova pour prendre celui de Desjardins. Dans les jours qui ont suivi, j'ai fini le volume de Casanova, mais au cours des années suivantes, j'ai étudié la plupart des ouvrages de Desjardins qui ont été publiés, et ils ont toujours beaucoup éclairé mon cheminement spirituel, en clarifiant, le plus souvent de manière anticipée, la compréhension que j'en avais, parfois aussi en exprimant avec une grande justesse la signification d'expériences nouvelles que je venais juste de vivre. Lorsqu'en 1994, j'écrivais ce qui est devenu par la suite le premier chapitre de ce livre, un ami m'a conseillé *"La Voie et ses pièges"* d'Arnaud Desjardins (paru en 1992) où les dimensions horizontale et verticale sont décrites dans des termes très proches de ceux que je venais d'utiliser. Tout cela fait qu'Arnaud n'a jamais été un "maître" pour moi, mais plutôt un "compagnon de route" plus avancé, et que je l'aime aussi profondément qu'un frère aîné (d'exactement dix ans et deux jours plus âgé que moi) bien que je ne l'aie encore jamais rencontré. Je suppose qu'il y a dans cet "amour" beaucoup d'idéalisme romantique et d'exaltation juvénile, mais cela fait intimement partie de mon processus d'apprentissage personnel, et Arnaud Desjardins est "l'éveillé" que je cite le plus souvent dans les cinq chapitres de ce livre.

L'influence qu'a eue sur moi **Oscar Ichazo** est incontestable, car c'est lui le "maître-enseignant" de l'École Arica qu'il a fondée en 1970 aux États-Unis, et dans laquelle j'ai commencé à travailler en 1973 en suivant à Londres une formation de quarante jours. Mon processus avec l'École a été si profond et si complexe, si frustrant et si épanouissant à la fois, que j'ai du mal à en tracer les grandes lignes, et que je n'ai aucune idée du moment où il prendra fin, s'il doit se terminer un jour. J'ai été profondément marqué par les concepts que j'ai appris dans cette école et par les expériences que j'y ai vécues, et ce livre en est donc très imprégné. Mais l'une de mes plus grandes épreuves a été, et est encore, le fait que son enseignement a été conçu et exprimé par Ichazo en anglais, et que j'ai beaucoup de mal à intégrer dans mon être intime un contenu pratique aussi important sans me référer à ma langue maternelle. Étant donné que ce qui est une épreuve pour moi contient, comme toute chose, *"le germe de son pôle opposé"* (selon une expression utilisée dans la logique créée par Ichazo, la Trialectique), c'est dans la traduction de certaines œuvres d'Oscar que j'ai également trouvé mes plus grandes joies. J'ai découvert récemment que la théorie sur la psyché humaine formalisée par Oscar Ichazo, et la logique trialectique qui permet de l'exprimer, n'est pas uniquement quelque chose qui m'intéresse intellectuellement : aussi surprenant que cela puisse paraître, les écrits de *"mysticisme scientifique"* d'Ichazo parlent directement à mon cœur lorsque je commence à les traduire, car ils me procurent une délectation qui relève plus du bonheur émotionnel que de la seule satisfaction intellectuelle, et je ne suis plus surpris, maintenant, d'avoir eu de l'angine de poitrine qui a fini par nécessiter un double pontage de mes artères coronaires lorsque, en 1992-93, j'ai vécu de graves conflits professionnels à cause de mon engagement vis-à-vis de l'École Arica, y compris des conflits avec l'Institut Arica lui-même au sujet des traductions françaises. C'est à cette époque que je pense avoir vraiment fait l'expérience de ce qui, dans ce livre, est décrit sous le nom de *"deuxième crise"*.

Deux œuvres d'Oscar Ichazo m'ont particulièrement marqué et ont eu une grande influence sur mon travail au sujet de la verticalité. La première œuvre est un livre paru en 1982 et composé à partir de trois conférences données par Oscar à New-York, à Londres, et à Hawaï (où il s'est par la suite installé) : *"DE LA MÉTAPHYSIQUE À LA PROTOANALYSE — une théorie pour l'analyse de la psyché humaine"*. C'était en fait la première synthèse formulée par l'auteur de la théorie d'Arica sur l'évolution des logiques humaines à travers l'histoire et la philosophie, et c'est là que j'ai compris le génie propre à Ichazo de pouvoir établir une histoire de la pensée en se plaçant d'un point de vue transcendantal, celui de l'illumination ; ce qui donnait à sa vision une extraordinaire clarté, c'est qu'il s'appuyait sur trois concepts fondamentaux, ceux de la *logique formelle* d'Aristote, de la *dialectique* de Hegel-Marx-Engels, et de la *trialectique* qu'il a lui-même formalisée, en mettant en parallèles leurs trois lois respectives et en montrant comment ces logiques et leurs lois se transformaient, mutaient littéralement les unes dans les autres, entraînant en même temps des mutations idéologiques et technologiques, et des mutations sociales dans l'ensemble de l'humanité, le tout ayant une unité et une cohérence stupéfiantes que la pensée humaine n'avait encore jamais été capable d'appréhender et de conceptualiser. J'ai traduit en français cet ouvrage l'année même de sa parution, et j'en ai fait une diffusion restreinte dans le cadre des "Services éducatifs de Recouvrance" que j'ai créés peu de temps après ; mais j'en ai aussitôt mis en application les concepts fondamentaux dans l'éducation en créant mes séminaires de formation de formateurs, *"Animer, Communiquer Autrement"*, et en écrivant les trois ouvrages pédagogiques qui les explicitent : *"Enseigner..."*, *"Former..."*, et *"Animer Autrement"*, qui ont été publiés entre 1989 et 1992. La deuxième œuvre d'Ichazo qui m'a littéralement ébloui est une formation qu'il a créée récemment et qui a été diffusée dans le monde depuis le début de 1997, *"FIXATIONS ET AUTODIAGNOSTIC"* (*). J'ai suivi cette formation en mars 1997, lorsque je me trouvais au Chili, et j'ai compris grâce à elle ce que pouvait être l'illumination lorsque les jeux de l'ego sont observés méthodiquement et démasqués, parce que cela conduit à une acceptation inconditionnelle du moment présent et à une désidentification à ce que l'on croyait être soi-même, grâce auxquelles l'état d'ego commence à se désagréger. Sans cette compréhension, et les expériences intérieures qui l'ont accompagnée, les chapitres 2, 3 et 4 de ce livre n'auraient pu être écrits.

La quatrième influence que j'ai reçue, celle de **Dane Rudhyar**, a été, aussi paradoxal que cela puisse paraître, la moins importante et la plus déterminante pour l'écriture de ce livre. La moins importante dans la mesure où je suis loin d'avoir une connaissance parfaite de l'œuvre gigantesque du grand philosophe franco-américain de l'astrologie,

(*) FIXATIONS DE L'EGO, NIVEAUX DE CONSCIENCE, et PORTES DE COMPENSATION, cités dans ce livre, sont des services éducatifs déposés par Arica Institute Inc. – 145 Palisade Street, Suite 401, Dobbs Ferry, NY 10522-1617, USA.

car je n'ai lu que cinq ou six ouvrages de Rudhyar, et je connais mieux les applications que deux de ses élèves principaux, Alexander Ruperti et Samuel Djian, en ont tirées. Mais c'est aussi l'influence la plus déterminante dans la mesure où les quatre concepts essentiels sur lesquels mon analyse de la verticalité est construite viennent en partie de lui. Il est nécessaire ici d'entrer dans quelques détails techniques : ces concepts sont ceux de *niveaux de conscience* utilisés intuitivement par beaucoup de gens, quelques astrologues d'avant-garde en particulier, comme Daniel Verney (**), mais pratiquement jamais définis de manière explicite. Seuls Oscar Ichazo et Dane Rudhyar ont donné de ces concepts des définitions différentes mais suffisamment précises pour que l'on puisse s'y référer, Ichazo ayant successivement utilisé une échelle de douze niveaux, puis une autre de dix-huit qui ne fait encore l'objet que d'une transmission orale au cours d'un séminaire qui s'intitule "LES NIVEAUX DE CONSCIENCE" (*). Quant à Rudhyar, il a proposé une échelle de quatre niveaux, qu'il appelle le *niveau biologique,* le *niveau socioculturel,* le *niveau individuel,* et le *niveau transpersonnel* dans son ouvrage *"L'Astrologie de la Transformation"* (Éditions du Rocher, 1984), et qu'il définit comme *"une hiérarchie de fonctions plutôt que de besoins, car le fait essentiel est que les êtres humains sont capables d'opérer à plusieurs niveaux d'activité et en fonction d'une conscience dont le champ et le pouvoir d'association et d'abstraction mentales augmentent à chaque niveau".* Mais ce que j'ai appris avec l'École Arica m'a montré que le fait de changer de niveau de conscience n'implique pas seulement une croissance de nos capacités d'association et d'abstraction,

---

(**) *"Quand la science deviendra ontologique, elle posera parmi ses postulats une déclaration disant que toute description du réel doit prendre en compte l'existence de* ***niveaux d'être*** *différents, obéissant à des lois ou règles qui leur sont propres, et elle se fixera comme objectif d'expliciter les processus qui font passer d'un niveau à l'autre"* (Daniel Verney interviewé par Solange de Mailly Nesle, dans "L'ÊTRE COSMIQUE — dialogue entre l'astrologie et la science", Flammarion, 1985).

car c'est aussi le plus souvent une transformation radicale de valeurs, un basculement, voire une inversion complète de point de vue. Rapprochant les notions de *niveaux de conscience* inspirées de Dane Rudhyar des *logiques* analysées par Oscar Ichazo, il m'est apparu qu'il était très éclairant de les associer en les définissant conjointement : c'est d'ailleurs en cela que réside la véritable originalité de ce livre, comme le lecteur pourra le découvrir.

Ce livre, qui est pour moi le neuvième, n'a pas été réalisé comme les précédents, car à part le chapitre 1 conçu il y a quelques années, il n'a pas été pensé et structuré avant l'acte même de l'écriture comme je l'avais toujours fait dans mon métier d'écrivain. Écrit en grande partie au cours du printemps et de l'été 1997, puis remanié et complété en 2000, il est principalement le fruit d'inspirations qui se manifestaient pendant la nuit, et que je trouvais au réveil dans leur formulation quasi-définitive, inspirations qui se tarissaient au cours de la journée sans que je puisse prévoir ce qui allait venir après. Par contre, certaines transitions ont été beaucoup retravaillées et certains chapitres restructurés et réécrits à plusieurs reprises.

Comme mon premier ouvrage *"APPRENDRE AUTREMENT — Clés pour le développement personnel"* (écrit avec Annie Bloch et publié pour la première fois au début des années quatre-vingt), **ce livre sur la verticalité est un éloge de l'apprentissage, et il est illustré d'extraits de récits d'apprentissage écrits par de grands, de très grands "apprenants".** Certains de ces extraits sont placés à l'intérieur du texte, mais les autres sont disposés en notes et imprimés en italiques en bas de page, afin de ne pas couper la présentation du modèle des quatre niveaux de conscience qui est proposée ici. C'est pourquoi je recommande au lecteur de lire attentivement ces notes qui transmettent des informations de grande valeur : elles peuvent même faire l'objet d'une première lecture, avant le chapitre lui-même, car elle donneront ainsi, en peu de mots et de façon concrète, un avant-goût de ce que chaque chapitre développe.

Que le lecteur me pardonne de l'entraîner, dès le chapitre II sur "la force de l'expérience mystique", vers des sommets élevés qu'il n'a peut-être pas l'habitude de fréquenter. On pourrait penser en effet qu'il serait plus logique de décrire d'abord les niveaux de conscience auxquels nous sommes habitués, pour monter ensuite, par degrés vers des niveaux supérieurs. Lorsque, dans un reportage, on veut faire connaître une chaîne de montagne à un certain public, ne commence-t-on pas généralement par décrire les plaines environnantes, puis les forêts et les plateaux, pour traiter enfin de la chaîne de montagne proprement dite, avec ses sommets escarpés ? Mais dans la dimension verticale de notre psyché, c'est le haut qui permet d'expliquer le bas, et non l'inverse. C'est pourquoi il m'a paru important de donner le plus rapidement possible au lecteur une idée de ce qu'est l'expérience mystique, à travers quelques témoignages et récits d'apprentissage, car c'est ce type d'expérience qui permet de comprendre à la fois la profondeur et la hauteur de la dimension verticale de l'être.

Un modèle de la réalité n'est pas la réalité, c'est une carte de la réalité qui n'est utile que si l'on s'en sert pour se repérer, se situer lorsqu'on cherche son chemin en terrain inconnu. **Le modèle holistique de l'évolution** présenté dans ce livre correspond à une carte à grande échelle qui ne permet pas de rendre compte de détails particuliers et de nuances propres au "voyage initiatique", mais qui a l'avantage d'offrir de larges perspectives que l'on n'avait pas encore eu l'occasion de dégager. Puisse-t-il aider ceux et celles qui sont déjà engagés dans le cheminement vertical, mais puisse-t-il aussi donner envie à des personnes qui ne le suivent pas encore de s'y aventurer.

Olivier Clouzot

Recouvrance, Mars 2000.

Chapitre I.

L'ÉVOLUTION SOCIALE ET LA DIMENSION VERTICALE DE L'HOMME

1. Verticalité et observation de soi

La vie quotidienne en société constitue la dimension horizontale de l'être humain, de sa naissance à sa mort.

On s'accorde généralement sur le fait que la dimension verticale est celle de sa croissance intérieure, de ses valeurs personnelles et du sens particulier qu'il donne à sa vie, mais cela n'est pas suffisant car on pourrait en déduire que cette dimension est purement subjective et ne relève d'aucun critère sur lequel on puisse valablement s'accorder. C'est pourquoi il est nécessaire d'ajouter que la verticalité est essentiellement la dimension de la CONSCIENCE de l'être humain capable de *"connaissance de soi"* (1), c'est-à-dire

---

(1) Voir, par exemple et dans des registres très différents, "FRAGMENTS D'UN ENSEIGNEMENT INCONNU" de P. D. Ouspensky (Stock, 1960), "LA PREMIÈRE ET DERNIÈRE LIBERTÉ" de Krishnamurti (Stock, 1972), "LA CONSCIENCE-ÉNERGIE STRUCTURE DE L'HOMME ET DE L'UNIVERS" du Dr Thérèse Brosse (Éditions Présence, 1978), "INTERVIEWS WITH OSCAR ICHAZO" (Arica

d'observer la manière dont il vit, pense et agit dans l'horizontalité de son existence. Car le fait de vivre, d'agir et de penser relève de la dimension horizontale, tandis que la dimension verticale va se mettre à exister à partir du moment où nous commençons à sentir la manière dont nous vivons et où nous acquérons la capacité de nous regarder en train d'agir et de penser (2) : ce qui signifie que cette dimension peut très bien rester une simple potentialité au sein de l'individu sans jamais, ou très rarement, avoir l'occasion de s'actualiser. Ce n'est pas du nombrilisme, juste l'aptitude d'être un témoin neutre et impartial de ce qui nous arrive et de la manière dont nous réagissons. Cette neutralité est un aspect essentiel de la dimension verticale, car sans elle, on reste dans l'horizontalité.

Par exemple, tant que je jouis ou que je souffre en restant identifié à ma jouissance ou à ma souffrance, je suis dans l'horizontalité de mon existence, la dimension verticale ne se surajoutant à la première que dans la mesure où

Institute Press, 1982), ainsi que "VERS UNE CONSCIENCE PLANÉTAIRE" de Dane Rudhyar (Le Rocher, 1986). Voir aussi "LA VOIE ET SES PIÈGES" d'Arnaud Desjardins (La Table Ronde, 1992), que je ne connaissais pas lorsque j'ai écrit cet article, mais qui comporte un chapitre s'intitulant "La dimension verticale" et dont les thèses sont parfois très proches de celles qui sont défendues ici, en particulier lorsque l'auteur écrit : *"Il faut bien comprendre que, même s'il existe un lien possible entre le niveau horizontal et la dimension verticale, il s'agit en fait de deux mondes qui ne sont ni du même ordre, ni de même nature (...) Cette dimension que je décris comme verticale dans l'espace correspond à une dimension verticale à l'intérieur de vous, une dimension nouvelle de la conscience d'être ou de la conscience de soi"* (pages 45-46). On trouve aussi des idées semblables dans un ouvrage justement renommé : "LE HARA, CENTRE VITAL DE L'HOMME", de Karlfried Graf Dürckheim (Le Courrier du Livre, 1974). Voir également, dans un registre extrêmement différent, les trois volumes passionnants de Neame Donald Walsch : "CONVERSATIONS AVEC DIEU", Ariane Éditions (vol. 1 et 2 : 1997 – vol. 3 : 1999).

(2) De nombreuses autobiographies et certains journaux intimes rendent compte de cette auto-observation, mais l'une des plus exemplaires est "MA VIE", de C.G. Jung (Gallimard, 1966).

je me distancie avec ce que j'éprouve tout en continuant à l'éprouver (3). Cela est particulièrement important en période de crise, car si je suis en colère, par exemple, et que je vis cette émotion avec une trop grande intensité, c'est-à-dire sans conscience, sans distanciation justement, je peux me laisser entraîner vers une trop grande violence et être amené à commettre des actes irréparables, dont je me sentirais par la suite coupable sans avoir la possibilité de les annuler, alors que la distanciation envers ma colère au moment même où elle m'envahit peut me permettre de ne pas me laisser déborder par elle et d'arrêter mon geste de violence à temps.

Je ne dis pas cela pour donner une leçon de philosophie ou de psychologie. J'ai seulement besoin de clarifier le concept principal de cette étude, celui de VERTICALITÉ, pour montrer en quoi il peut nous aider non seulement à mieux comprendre ce qu'est l'évolution humaine, mais encore nous guider dans nos choix fondamentaux en cette période critique de notre histoire. Car la dimension verticale de la vie est justement celle de l'évolution, alors que la dimension horizontale est celle d'un simple changement apparent, comme celui des modes vestimentaires, où souvent l'on s'agite en vain et tourne en rond, en donnant l'illusion d'un changement profond alors que tout continue en fait à fonctionner comme avant. De ce fait, on peut dire que **la dimension verticale est celle de la construction de**

---

(3) Un ouvrage comme "LE PROPHÈTE" de Khalil Gibran (Casterman, 1977) rend particulièrement bien compte de cette dimension verticale dans un langage poétique et imagé. On y trouve des phrases caractéristiques, comme : *"Plus profondément le chagrin creusera votre être, plus vous pourrez contenir de joie", "C'est la vie qui donne à la vie — alors que vous, qui vous imaginez être donneurs, n'êtes en réalité que témoins", "Le travail est l'amour rendu visible",* etc. Voir aussi "YI KING — LE LIVRE DES TRANSFORMATIONS", de Richard Wilhelm et Etienne Perrot (Librairie de Médicis, 1973), qui est un des best-sellers de la littérature consacrée à la verticalité.

l'être (4)**, tandis que la dimension horizontale de l'existence est celle de l'avoir et du paraître.**

2. Apprentissages horizontaux et verticaux

Ces deux dimensions ne sont pas innées, elles ont besoin de prendre graduellement leur place dans notre psyché grâce au travail de l'apprentissage (5).

Mais les apprentissages au sein de la dimension horizontale sont les plus évidents et les plus immédiats : ils sont indispensables à la survie. Il faut savoir en effet se tenir debout, communiquer, travailler, se déplacer pour fonctionner normalement dans la société. C'est pourquoi celle-ci four-

(4) Une conversion mystique peut accélérer de manière spectaculaire la construction verticale de l'être. Voir par exemple l'émission "La Marche du Siècle" de Jean-Marie Cavada, "CE EN QUOI JE CROIS" (France 3, 7-04-1993), dans laquelle un reportage effectué au sein de la "Jeune Fraternité Monastique de Jérusalem", installée au cœur de Paris près de l'église de St Gervais, a permis d'entendre des témoignages caractéristiques, comme celui d'un jeune moine qui disait : *"Un jour, Dieu m'a visité, il m'a rendu visite et de ce moment-là, instantanément,* ***j'ai été mis debout****. J'avais l'impression de me perdre comme une tache d'huile qui s'écrase au sol, et j'ai été mis debout... c'est-à-dire apte à marcher, apte à être un homme, apte à choisir, à décider, à aimer — du moins à désirer aimer".* Mais en fait, tout récit d'apprentissage, toute histoire de vie, lorsqu'ils sont effectués dans une écoute attentive et respectueuse, rendent compte de manière évidente de cette construction de l'être dont nous parlons. Voir "UNE APPROCHE HOLISTIQUE DE LA FORMATION ET DE LA CONSTRUCTION DE SOI" de Guy Lagnel (AFPA, Centre Psychotechnique Régional, Marseille, 1986).

(5) L'ouvrage "APPRENDRE AUTREMENT — CLÉS POUR LE DÉVELOPPEMENT PERSONNEL" que j'ai écrit avec Annie Bloch (Les Éditions d'Organisation, 1981, 1990 — Livre de Poche, 1997 — Études Holistiques, 1998), présente, dans ses pages de gauche, 99 récits d'apprentissage horizontaux et verticaux. Cependant, du fait que ces récits mettent l'accent sur la conscience qu'ont les apprenants de leur processus d'évolution, ils valorisent automatiquement la dimension verticale, même dans des apprentissages typiquement horizontaux.

nit très tôt à l'enfant, grâce à l'éducation, des moyens et des méthodes pédagogiques qui viennent prendre le relais de ceux mis en œuvre par les parents dès la naissance, et parfois même avant. Ces méthodes sont au début des techniques de conditionnement, fondées sur l'imitation et la répétition, mais elles se complexifient par la suite.

Quant aux apprentissages dans la dimension verticale, ils sont beaucoup moins évidents, car il n'existe pratiquement pas d'enseignements systématiquement reconnus sur cette question ; ils sont donc laissés à la libre initiative de certains éducateurs ou de certains groupes et relèvent surtout de la liberté et de la responsabilité directes de l'apprenant (6). Il ne faut pas croire, en effet, que les enseignements moraux et/ou religieux qui sont dispensés aux enfants relèvent de la dimension de verticalité dont nous parlons, parce qu'ils impliquent une croyance et une attitude soumise envers certains principes édictés dans le cadre de normes socioculturelles, principes qui ont nécessairement un caractère dogmatique puisqu'ils ne peuvent pas être discutés. Ce n'est que lorsqu'une pratique religieuse suivie passivement devient une recherche active fondée sur un libre engagement et sur une prise de conscience personnelle et/ou que la morale sociale se transforme en éthique individuelle, que la dimension verticale commence vraiment à se manifester dans l'existence humaine (7).

---

(6) Nous laissons volontairement de côté dans ce chapitre les apprentissages initiatiques effectués avec un guide spirituel, qui posent des problèmes plus complexes que ceux que nous traitons ici dans un cadre essentiellement laïque ; mais nous les étudierons à partir du chapitre suivant.

(7) Un exemple de mutation individuelle a été donné dans l'émission de TF1 "À LA UNE" à propos de l'ex-mannequin Myriam qui avait fait l'objet d'un strip tease publicitaire en 1981, puis avait refusé le rôle principal d'un film pour effectuer une retraite dans un monastère tibétain, passant ensuite par des métiers variés, comme ceux de serveuse, cantinière, professeur de yoga, femme de ménage, et danseuse de flamenco, mais acceptant cette vie chaotique grâce à son éthique personnelle : *"Moi, je me con-*

Remarquons aussi que ces deux dimensions sont complémentaires, et qu'il est dangereux de vivre exclusivement dans l'une d'entre elles. Vivre uniquement dans l'horizontalité, c'est rester dans l'inconscience et l'animalité, et vivre de manière absolue dans la verticalité, c'est se couper progressivement de toutes les actions qui nous relient à la vie matérielle et à la société, donc sombrer irrémédiablement dans le solipsisme, voire dans la folie – seuls des mystiques extrêmement bien entraînés peuvent arriver à vivre dans un total dénuement sans perdre la raison.

Alors que les apprentissages réalisables dans la dimension horizontale sont quasiment infinis, et qu'un individu, de par ses limites physiques, psychiques et temporelles ne peut réaliser qu'un tout petit nombre d'entre eux (aux niveaux sportif et professionnel, par exemple), il semble au contraire que les apprentissages réalisables dans la dimension verticale soient beaucoup moins nombreux, et qu'ils puissent, dans des cas jusqu'ici exceptionnels il est vrai, être réalisés dans le cadre d'une vie – c'est cet accomplissement que les grandes traditions spirituelles appellent la *"réalisation de soi"*, l'état de *"sainteté"* ou d'*"illumination"*, le *"satori"*, etc., mais il est tout à fait possible que des personnes totalement agnostiques atteignent aussi des degrés d'accomplissement spirituel très élevés. Même si cela n'est pas prouvé, reconnaissons qu'il peut être utile de le considérer comme une hypothèse de travail digne d'intérêt. Ce qui est sûr, c'est que la dimension verticale de l'existence est celle dans laquelle se développe l'Amour (avec un grand A), celui que les chrétiens appellent *"charité"* et les bouddhistes *"compassion"*, et qui est très loin de ce sentiment égoïste ou intéressé que tant de gens recherchent avidement dans la dimension horizontale de la vie.

---

nais tout de même assez bien pour être sûre que si j'avais suivi la voie de star, maintenant je serais très malheureuse, je ferais des dépressions et je prendrais de la cocaïne" (TF1, 10-02-1993).

3. La crise comme moyen d'accès à la verticalité

Les interactions de ces deux plans sont particulièrement intéressantes à étudier pour comprendre le développement de la personne.

Lorsque les apprentissages du plan horizontal sont suffisamment avancés, ceux du plan vertical peuvent se déclencher, la question métaphysique fondamentale *"Qui suis-je ?"* étant un très bon catalyseur.

C'est souvent à la puberté, qui correspond à une véritable crise de l'organisme soumis à de nouvelles stimulations hormonales, que le plan vertical commence à exister chez certaines personnes de façon spontanée.

Mais en réalité, n'importe quelle expérience douloureuse vécue sur le plan horizontal peut avoir cet effet (mort d'un être cher, perte ou changement d'emploi, maladie...), au point que l'on pourrait se demander si ce n'est pas la fonction essentielle des épreuves et des accidents de toutes sortes qui perturbent régulièrement l'existence humaine que de jouer un rôle déclencheur de nos apprentissages verticaux.

Le fait est que lorsque la dimension verticale se développe en nous, ces mêmes épreuves, auparavant perçues comme des catastrophes, sont plus facilement acceptées parce qu'elles sont reconnues comme utiles à notre processus, voire nécessaires à des prises de conscience nouvelles ; et, grâce à cette acceptation, les épreuves elles-mêmes diminuent d'intensité, jusqu'à parfois disparaître comme par enchantement, comme on le voit dans l'évolution hors normes de certaines maladies [8] chez des personnes dont le plan vertical est très développé.

---

(8) Depuis les Évangiles, une littérature considérable existe sur le problème des guérisons. Signalons "L'histoire de Laura" racontée dans un ouvrage de très grande qualité parce qu'il est consacré dans son intégra-

Une chose cependant doit être prise en considération dans le modèle que nous proposons : c'est que, conformément au principe d'ENTROPIE, le plan horizontal est soumis à l'usure du temps qui régit l'existence de notre corps physique voué à la décrépitude et à la désagrégation, tandis que le plan vertical correspond à une intégration progressive d'informations structurantes de plus en plus enrichissantes qui n'étaient pas reliées auparavant tant qu'elles étaient isolées et cloisonnées, ce qui correspond alors au principe de NÉGUENTROPIE.

Et il arrive un moment où la mort elle-même est dédramatisée puisqu'elle n'atteint que le corps, tandis que l'âme, la conscience ou l'esprit (selon le nom qu'on lui donne) accède alors à un autre plan d'existence que les grandes religions décrivent dans des termes différents, mais qu'un public de plus en plus large, religieux ou agnostique, commence à décrire dans des termes assez voisins dans ce qu'on appelle des *NDE ("near death experiences")* chaque fois qu'une personne s'est trouvée, à la suite d'un accident par exemple, dans un état de mort clinique et revenait ensuite à la vie [(9)].

---

lité à la description de ce que la dimension verticale poussée jusqu'au bout a de spécifique : c'est "LE PAPILLON NOIR", du Docteur Richard Moss (Le Souffle d'Or, 1989). Une émission de TF1, "Mystères", a rendu compte de manière détaillée d'une guérison réalisée dans le cadre des groupes de prières œcuméniques de Maguy Lebrun qui existent dans le monde entier, en dehors de tout cadre religieux particulier ("LA FORCE DE L'AMOUR", film de Dominique Maillet, 15-02-1993).

(9) Sur ce sujet, il existe également de nombreuses informations. Signalons les livres particulièrement connus que sont "LA VIE APRÈS LA VIE" du Docteur Raymond Moody (Robert Laffont, 1976), "LA SOURCE NOIRE" de Patrice Van Eersel (Livre de Poche), et "LA MORT, DERNIÈRE ÉTAPE DE LA CROISSANCE", d'Elizabeth Kübler-Ross (Éditions du Rocher, 1985).

4. Les apprentissages verticaux et la durée

Il faut remarquer ici que le travail qui se fait dans le plan vertical est beaucoup plus long et difficile, justement parce que c'est un travail d'intégration, que la plupart des apprentissages que nous sommes amenés à réaliser dans le plan horizontal (apprentissage d'une langue, d'un métier, d'un sport, etc.) ; ce qui dure ici quelques semaines ou quelques mois prend là plusieurs années et occupe souvent une vie entière.

Mais il y a des gens qui ont entendu parler de phénomènes particuliers spécifiques du plan vertical et qui pensent pouvoir en faire l'acquisition comme s'ils se trouvaient en vacances dans un pays étranger, voire dans le supermarché le plus proche de leur quartier ou de leur agglomération ; et il y a aussi, bien entendu, des escrocs de la transcendance, comme il y en a dans tous les corps de métiers, qui vous promettent la réalisation parfaite de soi en trois semaines, l'illumination en deux week-ends ou la lévitation en quelques leçons ; et vous pouvez d'autant plus vous y laisser prendre que les premières expériences de groupe dans la dimension verticale sont souvent des expériences saisissantes, littéralement éblouissantes, tant elles diffèrent de ce que nous vivons normalement dans l'horizontalité. Quelques *"asanas"* (postures) et *"pranayamas"* (respirations yoguiques) peuvent effectivement vous faire voir trente-six chandelles si elles sont proposées et exécutées dans la perspective de séduire ou d'étonner. Et il en est de même avec l'usage de drogues, comme celles qui servent dans les initiations chamaniques, mais qui, utilisées sans précaution et sans la présence d'un guide, ne seront qu'une porte ouverte vers une excitation sensorielle d'une grande intensité mais conduisant rapidement à l'aliénation.

Certes, le fait de pratiquer certaines formes de thérapie, de suivre des cours de yoga, de taï-chi chuan ou de méditation, d'apprendre les arts martiaux, de participer à un groupe de prières, ou même de pratiquer de manière assidue la pensée positive, sont des aides précieuses permettant d'avancer dans l'exploration de la verticalité. Mais le fait d'étudier l'histoire des religions [(10)], d'apprendre plusieurs langues et de rechercher les ressemblances et les différences existant entre diverses cultures [(11)], peut jouer un rôle tout aussi important, parce que cela nous permet de prendre de la distance avec les identifications et les évidences trompeuses que notre langue maternelle et nos représentations socioculturelles ont créées dans notre psyché.

---

(10) Voir "OUI À UNE DISCIPLINE NOUVELLE", de Jean Bauberot (Le Monde des Débats, n° 3, décembre 1992) : *"il existe un « analphabétisme » dans le domaine de la culture religieuse [...] un analphabétisme social. C'est un point aveugle de notre culture".*

(11) Voir l'émission « Bouillon de Culture » de Bernard Pivot (France 2, 5-02-1993) consacrée à l'Académie Universelle des cultures. Nous retiendrons en particulier sur le sujet du plurilinguisme et des cultures les témoignages de Bronislav Geremek *("Nous devons comparer les modes d'expression et de raisonnement")*, de l'anthropologue ivoirien Harris Même Fotê *("les individus qui ne parlent qu'une langue sont limités")*, et de Françoise Héritier-Augé *("Nous devons montrer à travers chaque culture quels sont les modes de fonctionnement invariants de la pensée humaine que l'on retrouve partout, c'est-à-dire souligner ce qui unit et non pas ce qui sépare").*

5. Les étapes du développement vertical

Un travail suivi et persévérant dans la dimension verticale permet de faire progressivement l'expérience de ce que l'on appelle des "NIVEAUX DE CONSCIENCE", c'est-à-dire des points de vue sur soi-même et sur le monde qui correspondent à des changements radicaux de perspective [(12)] ; littéralement, on ne voit plus les choses de la même façon lorsqu'on passe d'un niveau de conscience à un autre. Quatre grandes catégories de niveaux de conscience peuvent être signalées dans la vision panoramique que nous présentons ici : le *niveau "socioculturel"*, le *niveau de "l'ego individualiste"*, le *niveau de "l'individu individualisé"*, et le *niveau "transpersonnel"*.

Ce sont des stades de croissance où la personne est d'abord immergée dans le milieu familial et social dont elle est issue, milieu qui lui impose des croyances et des normes de comportement auxquelles elle doit se plier — c'est le **niveau socioculturel** dans lequel il n'y a pas d'autonomie individuelle possible, comme l'enfant dont la sécurité est assurée par ses parents.

Puis, la personne se dégage progressivement de sa dépendance par rapport à la collectivité en adoptant une fausse indépendance qui est en fait une attitude de contre-dépendance, comme le fait un adolescent qui ne veut plus obéir à ses parents parce qu'il doit découvrir la vie en réalisant ses propres expériences, mais qui a besoin aussi de se tromper

(12) Les notions de "Niveaux de Conscience" ont fait l'objet d'approches différentes de la part du philosophe franco-américain Dane Rudhyar (1895-1985) et du philosophe sud-américain Oscar Ichazo (né en 1931). La présentation qui en est faite dans cette étude s'inspire de cette double approche. Elle permet de déboucher sur une analyse des logiques ou manières de raisonner propres à chacun de ces niveaux – voir Olivier Clouzot : "ÉDUCATION POUR LE 3e MILLÉNAIRE : des logiques éducatives à la transparence pédagogique" (Éditions Holistiques, 1999).

pour apprendre sans être encore capable de reconnaître ses erreurs : c'est le **niveau de l'ego individualiste**, qui ne voit les choses qu'à travers ses besoins et ses désirs personnels et qui cherche donc à séduire, à briller, dominer.

Le troisième niveau, celui de **l'individu individualisé**, est un niveau pleinement adulte où l'indépendance est totalement assumée dans la responsabilité, et où la personne est capable d'interagir avec autrui sur un pied d'égalité, dans une attitude de complète interdépendance fondée sur la confiance et la transparence réciproques et sur l'honnêteté : c'est, à l'évidence, un niveau très élevé que peu de gens ont atteint à ce jour dans notre société.

Vient ensuite le **niveau transpersonnel**, dont il est plus difficile de résumer les caractéristiques parce qu'elles correspondent à des attitudes où le "moi" se met au service de la conscience, ce qui paraît incompréhensible tant qu'on ne l'a pas vécu ; c'est ce niveau qui correspond à ce que nous avons appelé plus haut la *"réalisation de soi"*, mais qui comporte différents degrés.

Au-delà des subdivisions qui peuvent exister à l'intérieur de chacun de ces quatre grands niveaux de conscience, il est important de savoir qu'ils correspondent respectivement à des points de vue si différents qu'il est impossible de passer insensiblement de l'un à l'autre : le changement est si radical qu'il exige littéralement une nouvelle manière de penser et de raisonner, c'est-à-dire une sorte de mutation. Or, un tel saut ne peut pas s'effectuer aisément, et l'on doit généralement traverser une CRISE avant de pouvoir l'accomplir : crise de la puberté, crise scolaire, crise familiale (décès ou divorce), crise d'insertion, crise professionnelle, crise due à la perte d'un emploi, crise d'identité en fait.

Notre culture a bien pressenti ce phénomène depuis quelques années, puisqu'en février 1984 déjà, Antenne 2 et Libération produisaient, avec la participation d'Yves Montand, une émission et une revue qui s'intitulaient *"Vive la crise !"*. Et le film de Coline Serreau, *"La Crise"*, sorti en

1995 sur nos écrans, montre bien la nécessité d'un profond changement intérieur lorsque les caractéristiques habituelles de la dimension horizontale sont secouées par une série de séismes.

6. Le changement paradigmatique

Ce modèle que nous proposons du plan horizontal et du plan vertical dans lesquels se développe la vie individuelle peut donc être directement transposé dans l'analyse de la vie collective.

Dans le tableau qu'il présente du changement socioculturel, Edgar Morin appelle "paradigme" l'ensemble des présupposés ou postulats, des évidences et des visions du monde qui conditionnent un mode de pensée ou une théorie (13) : c'est la pensée inconsciente qui se tient derrière la pensée consciente tout en la manipulant. Et il dit que si notre culture actuelle est en crise, c'est qu'elle se trouve devant le défi de changer de paradigme et d'**abandonner le paradigme de séparation/disjonction formalisé par Descartes** dans son "Discours de la Méthode" (14), **afin de passer à un paradigme de conjonction/distinction** (15), qui im-

---

(13) Voir les ouvrages d'Edgar Morin sur "LA MÉTHODE", en particulier le quatrième, "LES IDÉES — LEUR HABITAT, LEUR VIE, LEURS MŒURS, LEUR ORGANISATION" (Seuil, 1991), et "SCIENCE AVEC CONSCIENCE" (Points, 1990).

(14) *"Diviser chacune de mes difficultés que j'examinerais en autant de parcelles qu'il se pourrait et qu'il serait requis pour les mieux résoudre."* (Descartes : "ŒUVRES ET LETTRES", Bibliothèque de la Pléiade).

(15) Il est paradoxal de constater que le paradigme de "conjonction/ distinction" qu'Edgar Morin appelle de ses vœux pour transcender le paradigme cartésien était déjà défini dans l'un des plus vieux livres du monde, le "YI-KING", où l'on trouve l'énoncé suivant : *"Dans le chaos de la difficulté initiale, l'ordre est déjà présent. C'est ainsi que l'homme noble doit, en de*

plique un énorme changement de niveau de conscience relevant spécifiquement de la dimension verticale dont nous parlons.

Autrement dit, on ne peut pas traiter toutes les affaires du monde, comme on le fait dans la dimension horizontale, en les morcelant et en les disposant dans des casiers séparés, comme le fait un épicier qui doit vendre ses produits. Il faut savoir aussi, comme l'exige précisément la dimension verticale, réunir au lieu de séparer, inclure au lieu d'exclure – et nous intégrer dans la globalité du monde tout en intégrant ce même monde à l'intérieur de nous. Car lorsque le temps de la mutation est venu, la crise est particulièrement sévère si cette mutation est refusée, et l'on régresse au lieu de progresser, comme un enfant qui reste toujours dans les jupes de sa mère ou un adolescent qui refuse d'apprendre un métier et de prendre la responsabilité matérielle de son existence.

7. Où en sommes-nous actuellement ?

C'est en fait dans une telle situation que nous nous trouvons en cette période de transition entre le deuxième et le troisième millénaires. Notre société démocratique et libérale occidentale a développé au plus haut degré les caractéristiques de ce que nous avons appelé le NIVEAU DE L'EGO INDIVIDUALISTE, et l'essentiel du fonctionnement économique de la planète est structuré pour satisfaire les besoins

---

tels moments de début, articuler et ordonner l'abondance confuse, comme on sépare les uns des autres les fils de soie d'une pelote emmêlée et qu'on les unit en écheveaux. Pour se reconnaître dans l'infini, il faut distinguer et unir". ("YI-KING – Le Livre des Transformations", version allemande de Richard Wilhelm, traduction française par Etienne Perrot, Librairie de Médicis, 1973).

de consommation insatiables d'une minorité d'individus centrés sur l'avoir et le paraître, c'est-à-dire sur la célébration de leur propre personnalité, ce qui correspond à la glorification de la dimension horizontale au détriment de la dimension verticale.

Le paradoxe est que notre mode de vie est attractif pour d'autres formes de sociétés moins avancées que la nôtre, parce que le niveau socioculturel y est dominant et empêche les personnes d'évoluer vers plus d'autonomie et de liberté, mais que ce mode de vie se trouve en même temps menacé par ces mêmes sociétés si nous ne les aidons pas à se démocratiser en se libérant des dogmes socioculturels qui les brident, avec la montée des intégrismes religieux fondés sur l'intolérance et la tyrannie. Comme certaines de ces sociétés sont engagées en outre dans de véritables guerres de clans ou de religions, aussi féroces que celles du Moyen-Âge, ce qui les ruine économiquement, les sociétés les plus riches sont pratiquement obligées de nourrir et de prendre en charge leurs populations, se mettant ainsi dans une situation qui est intenable si elle doit durer, l'aide économique étant perçue comme un retour à la colonisation lorsqu'elle s'accompagne d'une intervention militaire, et étant souvent détournée au profit des nantis lorsque ce n'est pas le cas.

Dans la dimension verticale, on ne peut pas rester longtemps immobile : on ne peut que monter ou descendre. Si notre propre société est incapable d'évoluer vers le troisième niveau, celui de l'*individu individualisé*, qui est immédiatement au-dessus de celui auquel nous nous trouvons, elle risque donc de redescendre vers le premier, le *niveau socioculturel* où la liberté individuelle est encore étouffée, ce qui ralentit ou paralyse tout vrai fonctionnement démocratique – et ce n'est pas une menace à prendre à la légère après ce qui s'est passé dans de nombreux pays, notamment tout près de nous, dans l'ex-Yougoslavie.

8. Les prochains défis à relever

Le niveau de conscience vers lequel nous devons aller, non par idéalisme moral, mais parce que c'est le plus simple qui soit à notre portée, implique donc que nous apprenions à penser et agir autrement, en politique en particulier, en sortant des clivages droite/gauche dont près de 60 % des Français reconnaissent qu'ils sont dépassés, en constituant un véritable gouvernement d'ouverture ou d'union nationale, par exemple, comme cela se fait normalement en période de crise, en rééquilibrant les pouvoirs entre le gouvernement et le parlement, en limitant le cumul systématique des mandats et des "responsabilités" politiques, en respectant la loi républicaine et en sanctionnant ses violations, etc.

Et le processus de l'unification européenne dans lequel nous sommes engagés constitue pour nous un vecteur de changement privilégié, parce qu'il va effectivement vers l'intégration de peuples et de cultures différents.

En matière d'éducation, il faut que nous apprenions à respecter l'être humain dans son intégralité, avec ses besoins corporels, émotionnels, intellectuels et spirituels auxquels il est nécessaire de répondre de manière équilibrée au lieu de continuer à sur-développer l'intellect et la mémorisation.

Dans le monde du travail, il convient de réapprendre à dialoguer, à coopérer, à partager, à tenir compte des propositions créatives plutôt que des routines, des orthodoxies et des pressions corporatistes ; il est utile aussi de respecter la diversité des valeurs et de reconnaître que le nouveau n'est pas systématiquement meilleur que l'ancien, de remettre à l'honneur dans l'entreprise les "cercles de qualité" qui ont été souvent mis en sommeil avant d'avoir atteint leur maturité... Mais, les mots-clés du niveau de conscience qui est visé étant ceux de *vérité, transparence, honnêteté, tolérance, responsabilité,* on ne peut pas passer en un clin d'œil de la logique de compétition forcenée dans laquelle nous nous trouvons à une logique d'interaction et de coopération. Il est donc nécessaire d'avoir des projets collectifs à long terme et de tenir régulièrement les citoyens au courant de leur état d'avancement par une information claire, transparente.

Enfin, la dimension verticale étant celle de l'intégration d'informations structurantes dans un champ de plus en plus ouvert tant que l'on n'aura pas atteint les limites de l'Humanité-Une à laquelle nous appartenons, comme une cellule appartient à un organisme (16), elle implique la mise en œuvre de modèles holistiques et un travail persévérant sur ce qu'Edgar Morin et d'autres chercheurs appellent la "pensée complexe".

Dans une étude publiée dans Le Monde du 12 février 1993, "Information et déontologie", les auteurs Jacques Lesourne et Bruno Frappat, reconnaissant que l'abondance et la profusion de l'information constituent l'un des problèmes majeurs de la profession de journaliste, écrivaient : *"Plus que jamais, informer c'est éliminer. Comment trier ? C'est tout le débat"*. Espérons que l'information sur la dimension verticale de l'Homme dans ses aspects à la fois laïques et pluri-religieux, qui commence à voir le jour dans notre culture, ne sera pas victime de cette élimination (*).

(*) Ce texte a été écrit pour le *Monde des Débats* en 1994, mais c'est la *Revue d'Astrologie Humaniste* qui l'a publié ("Mysticisme, Religion et Voies Spirituelles", RAH n° 1, avril-mai-juin 1994).

---

(16) Voir "POUR UNE NOUVELLE CONSCIENCE PLANÉTAIRE", par Edgar Morin (Le Monde Diplomatique, n° 427, 1989). Voir aussi les nombreuses déclarations de l'Abbé Pierre sur le fait que l'humanité se dirige nécessairement vers *"l'un"*, vers l'unité, la solidarité – dans le bonheur et le malheur – ce qui implique aussi la responsabilité (Abbé Pierre : "AMOUR TOUJOURS !", entretiens avec Hélène Amblard, Seuil, 1992).

Chapitre II.

LA FORCE DE L'EXPÉRIENCE MYSTIQUE

1. Les résistances culturelles

Les pages précédentes ont été écrites en 1994 pour Le Monde des Débats qui les a gardées sous le coude pendant quelques mois pour finir par les refuser, les jugeant “trop philosophiques”. Le fait qu'il ne soit pas possible de “débattre” de tels sujets dans notre culture en dit long sur les résistances que celle-ci oppose à des idées qui ont pour but de l'aider à se transformer.

Notre défi, en tant que société, est d'évoluer vers l'unité, alors que l'*évolution* et l'*unité*, qui sont des mots-clés de la verticalité, ne sont pas des notions auxquelles les responsables des media s'intéressent, parce qu'ils les reconnaissent comme relevant de théories spécialisées auxquelles le public n'a pas accès dans le monde (biologie, physiologie, anthropologie, ethnologie, éthologie, théorie des systèmes, écologie, histoire des religions, etc.).

Le fait est pourtant que, de tous côtés, des individus cherchent à donner un sens à leur vie par tous les moyens possibles, y compris ceux que la culture officielle condamne ou méprise, ce qui fait que beaucoup de responsables médiatiques, qui devraient se trouver à la pointe du débat culturel en diffusant des informations sur des sujets d'avant-garde, se conduisent en réalité comme des gardiens de l'orthodoxie culturelle. On continuera donc, à qui mieux mieux, à commenter les luttes politiques entre la gauche et la droite, qui sont parmi les sujets de prédilection de l'horizontalité...

Reste l'évolution individuelle à laquelle chacun est libre de s'intéresser pour son propre compte, malgré le fait que la science officielle, qui multiplie les recherches sur le fonctionnement bio-électrique du cerveau, s'interdise, la plupart du temps, de s'interroger sur l'expérience consciente du sujet pensant [1].

2. Les percées de l'expérience mystique individuelle

Prenons l'exemple d'un chercheur en biologie moléculaire à l'Institut Pasteur qui, après avoir brillamment soutenu sa thèse de doctorat est parti vivre aux pieds de l'Himalaya avec un maître bouddhiste. *"La carrière scientifique que j'ai menée a été le résultat d'une passion pour la découverte. Tout ce que j'ai pu faire ensuite ne constituait nulle-*

(1) *"La majorité des neurobiologistes en sont venus à penser qu'on pouvait totalement se passer de la notion même de conscience ou d'esprit considéré comme un facteur distinct du système cérébral. Selon eux, la structure et le fonctionnement du réseau neuronal ainsi que les réactions chimiques et phénomènes électriques qui s'y produisent suffisent à expliquer ce que nous appelons la pensée. La notion même d'esprit, et plus encore celle de conscience immatérielle, devient alors totalement caduque"* (Jean-François Revel et Matthieu Ricard : "LE MOINE ET LE PHILOSOPHE", Nil-Editions, 1997).

ment un rejet de la recherche scientifique qui, à bien des égards, est passionnante, mais le fruit de la constatation qu'elle était incapable de résoudre les questions fondamentales de l'existence. En bref, la science, si intéressante soit-elle, ne suffisait pas à donner un sens à ma vie. J'en suis venu à considérer la recherche, telle que je la vivais, comme une dispersion sans fin dans le détail, à laquelle je ne pouvais plus envisager de consacrer ma vie tout entière" (2).

Mais qu'est-ce qui fut si attractif pour ce chercheur au point de l'amener à tout quitter, sa famille, une carrière assurée, sa culture, son pays, pour s'expatrier ainsi ? Simplement la force tranquille d'un vieux lama qui l'avait subjugué. *"C'était très impressionnant. Il avait soixante-dix ans. Il était assis, adossé à une fenêtre derrière laquelle s'étendait une mer de nuages... Je m'asseyais toute la journée en face de lui et j'avais l'impression de faire ce que les gens appellent « méditer », c'est-à-dire presque rien. Son fils parlait anglais, moi quasiment pas. C'était sa personne, son être qui m'impressionnaient... la profondeur, la force, la sérénité qui émanaient de lui et ouvraient mon esprit"* (3). Il n'y a pas de mots plus simples, plus directs, plus touchants pour parler de la VERTICALITÉ telle qu'elle se manifeste pour ce jeune homme dans un vieux maître tibétain lui-même exilé de son pays. Et cette attraction, cette fascination, vont entraîner ce chercheur scientifique dans l'apprentissage le plus "vertical" qui soit, l'apprentissage vertical par excellence, celui du mysticisme – en l'occurrence ici dans la voie du Bouddhisme tibétain.

Ceux qui connaissent les facteurs de l'apprentissage (4)

---

(2) Matthieu Ricard : "LE MOINE ET LE PHILOSOPHE" (opus cité), chapitre 4 : "De la recherche scientifique à la quête spirituelle", page 18.

(3) "LE MOINE ET LE PHILOSOPHE" (opus cité), page 26.

(4) Voir Olivier Clouzot et Annie Bloch : "APPRENDRE AUTREMENT — CLÉS POUR LE DÉVELOPPEMENT PERSONNEL" (opus cité), chapitre 4 : "Le rôle de l'Autre".

reconnaîtront comme facteur déclenchant *"le rôle de l'Autre"*, facteur fondamental pour de nombreux apprenants, et pas seulement pour des esprits faibles ou influençables comme on pourrait le croire. Cela n'empêchera pas notre chercheur mystique, Matthieu Ricard, de développer des apprentissages horizontaux plus classiques, car il apprendra l'anglais et le tibétain, participera à l'édition de manuscrits bouddhistes extrêmement rares après la destruction de 6000 temples tibétains par les Chinois, et deviendra l'un des traducteurs attitrés du Dalaï Lama.

3. Le pouvoir attractif des "Maîtres"

Parmi les différents "rôles de l'Autre" auxquels l'apprenant peut faire appel pour avancer dans ses apprentissages verticaux, le *"rôle du Maître"* est de très loin le plus important [(5)], un vrai maître spirituel étant pour son disciple à la fois celui qui l'éveille, qui l'enseigne, qui l'évalue, qui l'accompagne et qui le guide dans son exploration intérieure, ce qui lui permet en fait de combiner plusieurs rôles qui ont chacun leur utilité dans le processus de l'apprenant (éveilleur, enseignant, évaluateur, guide, etc.). À la base d'un tel pouvoir, il y a le fait qu'il a été choisi par son disciple, et non imposé à lui (comme cela se fait dans nos institutions éducatives), ce processus d'élection reposant souvent lui-même sur le fait que le maître a été perçu comme un "modèle" auquel son élève veut ressembler. On trouve le même phénomène dans le sport lorsqu'une vedette sportive devient la principale référence de certains jeunes (Yannick Noah, par exemple).

Ce type de pouvoir peut devenir exorbitant si le Maître a la tentation d'en abuser, et l'on serait en droit d'attendre

(5) "APPRENDRE AUTREMENT", pages 117 à 127.

de ce dernier un très haut niveau de tact psychologique d'une part, et de moralité d'autre part, beaucoup plus en tout cas que ce que l'on exige d'un thérapeute, par exemple ; car il ne s'agit pas d'une simple compétence professionnelle à laquelle il est fait appel dans des situations précises et limitées dans le temps, mais d'une manière d'être permanente, le disciple vivant souvent en présence ou à proximité de son maître et pouvant l'observer dans différentes situations de la vie quotidienne [(6)].

En réalité, nous parlons ici de "rôle" par commodité de langage et en nous référant aux besoins spécifiques de l'apprenant, mais dans un apprentissage vertical, le vrai Maître, lui, ne joue aucun *rôle* : il se contente d'être ce qu'il est et de vivre au niveau de conscience qui est le sien. Ce niveau étant bien plus élevé que celui de son élève, le pouvoir du Maître est surtout un POUVOIR D'EXEMPLARITÉ : il est attractif grâce aux qualités de son être, et ce sont ces qualités que le disciple a le désir d'acquérir, ce qu'il fait parfois en se contentant de s'imprégner de la simple présence du Maître.

Notre culture a du mal à accepter ces idées sur l'importance du "rôle du Maître". Il y a deux raisons à cela. La première raison est qu'elle méconnaît les lois de *"l'apprentissage vu par ceux qui apprennent"*, lois qui sont pourtant essentielles pour favoriser une éducation qui respecte le développement naturel de l'apprenant [(7)]. La deuxième raison est que notre culture judéo-chrétienne voit l'élève comme

---

(6) Pour étudier le processus selon lequel un disciple peut devenir la victime des manipulations de celui qu'il a choisi pour "Maître", voir Isabelle Sebagh : "L'ADEPTE - 7 ANS DANS L'ENFER D'UNE SECTE", Le Comptoir, Genève, 1997. Nous reviendrons sur ce sujet dans le chapitre IV : "Le travail pour surmonter la « troisième » crise", page 125.

(7) Les lois de l'apprentissage concernent les sept facteurs essentiels que sont la **Motivation**, le **Plaisir**, la **Liberté**, l'**Expérience vécue sur le terrain**, le **rôle de l'Information**, le **rôle de l'Autre**, et le **rôle du Groupe**, chacun de ces facteurs étant associé avec son opposé polaire dans la

quelqu'un qui doit obéir au maître (ou à la maîtresse) qu'on lui impose, et que ce n'est pas à lui qu'il appartient de choisir quoi que ce soit, et surtout pas ceux qui ont pour tâche de l'éduquer et de l'instruire. L'idée que l'élève puisse "choisir son maître" fait immédiatement penser à l'approche orientaliste où le gourou est divinisé.

Pourtant la dévotion au gourou, effectivement en vigueur dans les religions de l'Orient, n'est que la reconnaissance dans la culture d'une attitude tout à fait naturelle dans un apprentissage vertical où, pour le démarrage de celui-ci, l'apprenant a besoin de pouvoir choisir la personne avec laquelle il va passer une partie de sa vie (8). D'où la formule proverbiale dans la sagesse de l'Inde : *"Lorsque le disciple est prêt, le gourou arrive"*. Chez nous, c'est également ce qui se passe en haute montagne où il est bien connu que ce sont les clients qui choisissent leur guide, et non l'inverse, comme en médecine d'ailleurs où les patients choisissent volontiers leur médecin, mais surtout leur dentiste.

---

gestion dont l'apprenant est le principal responsable, même s'il peut être aidé par des « méthodologies » éducatives. Ces lois mettent en jeu une nouvelle logique, la Trialectique, découverte et formalisée par Oscar Ichazo. Voir les ouvrages sur l'éducation "APPRENDRE AUTREMENT" (1981, 1997, 1998), "FORMER AUTREMENT" (1990), "ANIMER AUTREMENT" (1992), et "ÉDUCATION POUR LE 3E MILLÉNAIRE" (1999).

(8) *"L'avantage de vivre avec le gourou quelque temps, c'est déjà de se rendre compte par soi-même si l'amour qu'il vous porte est réellement désintéressé ; c'est aussi d'observer s'il met réellement en pratique ce qu'il vous prêche"* (Dr Jacques Vigne : "LE MAÎTRE ET LE THÉRAPEUTE", Albin Michel, 1991).

4. Vrais maîtres et faux gourous

Le gourou étant par définition un être suffisamment avancé sur le chemin de la réalisation de soi pour montrer à d'autres personnes par où il vaut mieux passer, il semble qu'il existe peu de “faux gourous” en Orient, comme il y en a chez nous car, dans une culture centrée sur l'importance de la fonction spirituelle du gourou, ils seraient rapidement démasqués ; ce serait aussi vraisemblablement le cas chez nous pour des guides de montagne sans compétences professionnelles reconnues qui se proposeraient pour conduire des cordées d'alpinistes.

Mais en Occident, lorsqu'au cours des années soixante le mouvement hippie a révélé qu'il existait, dans la jeunesse en particulier, un intérêt pour la verticalité que les religions traditionnelles ne nourrissait pas, on a commencé à voir autrement les maîtres spirituels de l'Orient. Ce nouvel engouement pour la verticalité réinterprété avec des critères propres à l'horizontalité, en particulier des critères financiers, a mis les “gourous” à la mode, ce qui a soudain ouvert un énorme marché. C'est alors que des “faux gourous” de tous horizons ont proliféré, en même temps que les “vrais”, et que le phénomène des “sectes”, qui avait toujours existé de manière minoritaire par rapport aux religions, est devenue une véritable plaie au flanc de la société.

Il est impossible de soigner ce mal à partir des seuls critères de l'horizontalité, comme on essaie de le faire en Europe, dans une ignorance complète de ce qu'est la dimension verticale dans ses aspects à la fois psychologiques et mystiques. Car il faut tenir compte tout autant de l'ASPIRATION À LA VERTICALITÉ pour ceux qui en ressentent le besoin diffus sans en avoir l'expérience, et des CRITÈRES D'ENTRAÎNEMENT À LA VERTICALITÉ pour ceux qui en ont une certaine maîtrise mais qui n'ont pas toujours toutes les compétences requises pour l'enseigner. C'est pour cette raison qu'il est nécessaire de savoir ce que sont les “vrais maîtres", et d'étudier également les moyens qui permettent de s'en passer.

5. Les apports du Bouddhisme à la connaissance de la verticalité

En avril 1997, l'enseignement donné en Savoie pendant quatre jours consécutifs par le 14e Dalaï Lama, Tenzin Gyatso, devant un auditoire de plus de cinq mille personnes, a mis le projecteur sur le Bouddhisme, dont on dit que c'est plus une philosophie qu'une religion parce que c'est une "religion sans Dieu". La presse écrite, la radio et la télévision ont parlé du Dalaï Lama et de son combat non-violent pour la défense du Tibet envahi par les Chinois. Mais ils ont en même temps, et d'une façon surprenante pour notre époque, fait une véritable apologie du Bouddhisme, en le présentant comme une religion de la tolérance *"qui est avant tout une éthique qui n'impose rien et prône l'usage de la raison"* (9). Le Bouddhisme en général, mais surtout le Bouddhisme tibétain, se distingue en effet des autres religions par le fait qu'il insiste beaucoup sur l'unité fondamentale de toutes les traditions spirituelles, ce qui est un concept-clé de la verticalité, traditions qui œuvrent toutes *"pour établir les êtres sur le chemin des existences supérieures et de la libération"* (10).

Interrogé sur le rôle du maître spirituel, le Dalaï Lama nous dit que des gens éprouvent parfois devant un maître des émotions très fortes et une attirance irrésistible aux-

(9) Le Nouvel Observateur, n° 1696 (du 7 au 14 mai 1997), reportage de Catherine David.

(10) Kalou Rimpoché : "LA VOIE DU BOUDDHA SELON LA TRADITION TIBÉTAINE", Édition du Seuil, 1993.

quelles il ne faut pas toujours se fier. *"La démarche bouddhiste ne conduit pas à dépendre d'un maître spirituel, mais au contraire de s'en libérer. Un maître véritable révèle chacun à soi-même et lui indique une pratique permettant de se transformer ; il ne lui apprend pas à dormir à ses pieds"* (11).

En fait, tous les maîtres spirituels de quelque tradition que ce soit ont toujours dit cela, et il existe dans chacune de ces traditions des recommandations aux disciples pour éviter qu'ils ne se laissent abuser tant par le maître que par l'admiration qu'ils lui portent. *"Un disciple doit tester son maître"*, disait Swami Muktananda qui appartenait à la tradition indienne du Siddha-Yoga.

Dans le Bouddhisme tibétain, selon le Dalaï Lama, le Maître a deux fonctions essentielles :

- l'une est d'administrer les enseignements collectifs qui consistent surtout à expliquer et commenter les textes sacrés ;
- l'autre est de donner des leçons particulières aux disciples plus avancés, qui constituent ce que l'on nomme *"l'enseignement gradué au fil de l'expérience"*, dans lequel des informations nouvelles et des exercices plus avancés ne sont transmis à l'élève que lorsqu'il a fait la preuve non seulement qu'il a intégré les informations et exercices précédents, mais encore que son être en a été enrichi et transformé.

Un autre apport significatif du Bouddhisme à la verticalité réside dans sa description des étapes conduisant à l'illumination — on parle alors de "degrés conduisant vers l'éveil", comme les *cinq voies de la réalisation* qui s'enchaînent les unes aux autres. Il s'agit effectivement d'une ascension dans laquelle l'adepte se dépouille peu à peu de ses attachements les plus grossiers (émotions et pensées) pour atteindre progressivement *"la nature lumineuse de l'esprit"* à travers différentes sortes de pratiques, comme la méditation.

---

(11) Interview du Dalaï Lama réalisée par Catherine David et Jean-Philippe de Tonnac, Le Nouvel Observateur, n° 1696.

Dans une technique de méditation particulière, *"la pratique de Samatha"*, qui comporte neuf étapes, le méditant doit apprendre à apprivoiser son esprit (représenté par un éléphant), en se libérant de son agitation émotionnelle et mentale (représentée par un singe), et sans tomber dans un état d'endormissement ou de torpeur (représenté par un lapin) ; à la neuvième étape, le méditant et son esprit sont tous deux en repos, *"comme deux vieux compagnons habitués à rester ensemble"*, les obstacles ayant disparu (12). Mais un autre état existe encore, l'état suprême d'illumination où *"le méditant chevauche l'éléphant"*, parce qu'il a acquis la maîtrise totale de son esprit.

6. Les différentes approches du voyage mystique

Ce que les maîtres spirituels de toutes les traditions mystiques ont en commun, c'est qu'ils ont inlassablement témoigné de l'existence de niveaux de conscience supérieurs, tout en proposant certaines formes de pratiques qui permettaient de les explorer. Chrétiens, Bouddhistes, Soufistes, Védantistes, Taoïstes, Kabbalistes ont toujours mis en effet un soin particulier à décrire, chacun dans leur langage et avec la symbolique et les archétypes qui leur sont propres, ces états ultimes de l'être ainsi que les "méthodes" grâce auxquelles on peut y accéder.

Cependant, les courants mystiques sont longtemps restés repliés sur eux-mêmes, en étant compris seulement par quelques adeptes motivés, parce que leur engagement n'était pas la résultante d'une contrainte familiale mais celle d'une démarche personnelle. Jusqu'au dix-neuvième siècle, comme

(12) Kalou Rimpoché, opus cité, pages 220 à 227.

il n'existait aucune recherche interdisciplinaire entre les religions et traditions spirituelles, seuls les chercheurs appartenant à chacune de ces religions et traditions faisaient le travail de décodage entre les écritures sacrées sur lesquelles ils méditaient et leur propre ressenti. Cela a produit dans le monde entier une littérature mystique de grande beauté, mais difficile à déchiffrer pour les non-spécialistes : c'est le cas, en particulier, de Sankara, maître bouddhiste du huitième siècle, du poète persan du douzième siècle, Djalal Al-Din Al-Rumi, des mystiques chrétiens du quatorzième, comme Maître Eckart, et du seizième, comme Sainte-Thérèse d'Avila et Saint-Jean de la Croix, etc. Mais aucune passerelle ne pouvait exister entre le vécu des uns et des autres à partir du moment où leurs références culturelles et religieuses n'étaient pas les mêmes, les représentations allant d'une démarche purement intérieure à la référence constante à un Dieu extérieur.

Ce n'est qu'à partir de la fin du dix-neuvième siècle, mais surtout au cours du vingtième, qu'un mouvement d'échanges spirituels entre l'Orient et l'Occident a vu le jour et a ouvert une nouvelle voie d'interactions extrêmement fécondes entre différentes formes de mysticisme existant sur la planète. Des maîtres indous de renom, comme Vivekananda, Gandhi, Yogananda, sont venus en Europe ou sont allés aux États-Unis. Des écrivains célèbres, tels que Romain Rolland (13), et Hermann Hesse (14), ont écrit des biographies ou des histoires romancées de mystiques orientaux, tandis que d'autres, comme Lanza Del Vasto (15) qui a ouvert

(13) Romain Rolland (1866-1944) a écrit des biographies de Gandhi (1924), de Ramakrishna (1929), et de Vivekananda (1930).

(14) Hermann Hesse (1877-1962) a écrit une histoire romancée du Bouddha, "Siddharta" (1922), qui s'inspire de la mythologie hindoue.

(15) Lanza Del Vasto (1907-1981) est surtout connu pour son ouvrage "LE PÉLERINAGE AUX SOURCES" (Denoël, 1944), qui raconte son voyage en Inde et sa rencontre avec Gandhi, dont il a introduit en France les idées sur la non-violence.

une voie dans ce domaine, allaient au devant de grands maîtres de l'Orient pour suivre leur enseignement.

Parallèlement à ces différentes formes de rencontres entre l'Orient et l'Occident, des chercheurs se sont mis à étudier l'histoire des religions ou à interpréter les grands mythes des sociétés humaines, en particulier ceux de la transformation intérieure que produit le voyage mystique : c'est le cas, par exemple, de Mircea Eliade [(16)], d'Heinrich Zimmer [(17)], et de Carl-Gustav Jung [(18)], qui ont souligné divers aspects sociologiques, psychologiques et symboliques impliqués par la recherche de l'unité.

Ces échanges et ces travaux ont finalement abouti à une idée fondamentale de la verticalité, exprimée par Aldous Huxley en 1945, à savoir qu'il existe une expérience psychologique et morale qui nous permet de *"découvrir la nature intime de l'esprit, et ce qu'il contient en puissance"* : c'est l'EXPÉRIENCE MYSTIQUE qui est différente dans sa forme, selon la tradition dans laquelle on l'accomplit, mais identique par ce qu'elle permet de découvrir en soi et de devenir. C'est ainsi que l'écrivain anglais a réuni dans un ouvrage unique des témoignages anciens et modernes de grands mystiques de l'Orient et de l'Occident, classés selon diffé-

---

(16) Mircea Eliade (1907-1986), spécialiste de l'étude comparative des religions. Son livre principal est le "TRAITÉ DE L'HISTOIRE DES RELIGIONS" (1946), qui est une approche phénoménologique du fait religieux à travers les différentes manifestations du sacré.

(17) Heinrich Zimmer (1890-1943) a beaucoup étudié les aspects symboliques du voyage initiatique vers l'unité intérieure, à travers les luttes apparentes entre le conscient et l'inconscient. Voir en particulier son analyse de certains contes orientaux dans "LE ROI ET LE CADAVRE" (Fayard, 1972).

(18) Carl-Gustav Jung (1875-1961) a créé le concept fondamental d'*individuation* pour désigner le processus d'évolution et de transformation par lequel un individu devient une "unité autonome et indivisible, une totalité", où les aspects opposés de l'âme et de la personnalité, de l'ombre et de la lumière, sont réconciliés. Voir en particulier son ouvrage "PSYCHOLOGIE ET ALCHIMIE" (Buchet-Chastel, 1970).

rents thèmes moraux, métaphysiques, ou méthodologiques, et qui constituent ce qu'il appelle une *"PHILOSOPHIE ÉTERNELLE"*, au-delà du temps et de l'espace [19].

7. L'unité fondamentale des différentes approches du travail mystique

C'est une chose d'avoir l'intuition qu'il existe une unité dans le travail mystique, derrière ses diverses manifestations religieuses et culturelles, et c'en est une autre de faire soi-même l'expérience de cette unité en intégrant les messages provenant de différentes traditions [20]. Cela n'a commencé à se produire que dans la deuxième moitié du vingtième siècle, lorsque des Occidentaux sont allés expérimenter les voies orientales et qu'ils en sont revenus pour enseigner eux-mêmes ce qu'ils avaient appris, en reliant les connaissances et les pratiques de l'Est à la culture de l'Ouest dont ils sont issus.

Nous prendrons le cas de quatre maîtres occidentaux renommés, K.G. Dürckheim qui a intégré une approche du Bouddhisme zen dans la culture chrétienne ; Arnaud Desjardins qui a travaillé avec plusieurs grands gourous hindous, soufis et tibétains, avant de trouver un maître qui le guide dans les aspects les plus escarpés du chemin spirituel ; Jean-Yves Leloup qui a fait quelques allées et venues

(19) Aldous Huxley : "LA PHILOSOPHIE ÉTERNELLE", Éditions du Seuil, 1977.

(20) Cette intégration spirituelle de messages provenant de différentes traditions ne peut pas se faire, comme on le croit parfois, en saupoudrant sa pratique quotidienne d'exercices variés provenant des traditions entre lesquelles on veut établir des comparaisons ; il est nécessaire, au contraire, de faire d'abord un travail complet dans une voie, avant de pouvoir comprendre ce que les autres voies ont réellement à proposer.

entre le Catholicisme et le Christianisme orthodoxe, tout en intégrant dans sa démarche des outils psychologiques et spirituels occidentaux et orientaux ; et Oscar Ichazo, le fondateur de l'École Arica, qui a vécu ses premières expériences d'éveil à l'âge de six ans et demi, mais qui, traumatisé par elles alors qu'il était encore incapable de les comprendre, est entré dans une recherche spirituelle qui a occupé la quasi-totalité de sa vie.

Karlfried Graf Dürckheim est connu pour ses travaux sur le "hara", ou centre de gravité du corps, que l'on développe dans le zen en adoptant une certaine posture de méditation dans laquelle le ventre est relâché. Dans un livre célèbre, il écrivait en 1967 : *"L'exercice ne donne pas naissance à l'expérience de l'Être, il prépare seulement à recevoir cette expérience"* (21). Quelques années plus tard, il disait : *"Dans l'assise zen que je préconise, on est dans les meilleures conditions pour invoquer le nom de Jésus, le nom de Celui Qui Est : Je Suis... Je ne dis pas cela de façon toujours explicite, cela est une grâce que chacun peut découvrir quand il se laisse trouver... Ce n'est pas nous qui cherchons Dieu, c'est Dieu qui nous cherche..."* (22). Cette phrase est particulièrement remarquable, car elle fait la synthèse de deux attitudes très différentes : l'attitude orientale du non-agir, qui est une disponibilité, pas une passivité, et l'attitude chrétienne consistant à aimer Dieu et à rechercher sa présence. D'ailleurs, Dürckheim disait aussi : *"Quant à l'expérience elle-même, il semble qu'elle ne peut être que plus ou moins la même pour le Chrétien et pour le Bouddhiste. Cette expérience est accessible à l'homme non parce qu'il est chrétien ou bouddhiste, mais parce qu'il est Homme"* (23).

---

(21) Kalfried Graf Dürckheim : "LE HARA, CENTRE VITAL DE L'HOMME", Le Courrier du Livre, 1974.

(22) Cité par Jean-Yves Leloup, dans "L'ABSURDE ET LA GRÂCE" (Albin Michel, 1991).

(23) K. G. Dürckheim : "L'ÊTRE ESSENTIEL", revue Nouvelles Clés n° 17, mai-juin 1991.

Arnaud Desjardins (né en 1925) a passé une partie importante de sa vie à filmer et interviewer de grands maîtres spirituels (hommes et femmes), et à vivre dans leur ashram, comme ceux de Swami Sivananda, de Swami Ramdas, de Ma Anandamayi, auprès de laquelle il a fait plusieurs séjours importants [(24)]. Mais c'est Swami Prajnanpad qui fut le gourou avec lequel Desjardins atteint la "libération" en 1971, après une longue "thérapie initiatique" commencée en 1965. Il a décrit son "éveil" comme *"un retournement radical par lequel l'intérêt pour l'être l'emporta définitivement sur l'intérêt pour l'avoir"*, ce qui se traduisit par une perte d'identification à lui-même, à ses possessions, à ses ambitions, à ses désirs, même à ses pensées qui se détachaient de lui comme des feuilles mortes : *"les pensées, cette sécrétion incessante par le mental d'une activité cérébrale souvent dépourvue de toute nécessité et sur laquelle nous n'avons d'ordinaire pratiquement aucun pouvoir, ont considérablement diminué, presque disparu. Quand je dis « considérablement », j'entends par là que je ne me reconnaissais plus : le jeu des pensées était pratiquement tombé. À compter de cette date, il ne m'est plus jamais, même pas une fois, arrivé de faire un cauchemar"* [(25)]. Ce nouvel état de conscience, qu'il s'imaginait auparavant comme l'acquisition de quelque chose qu'il n'avait pas – la libération, l'illumination – était au contraire un dépouillement qui permettait à sa "nature véritable" de se révéler.

(24) Arnaud Desjardins : "ASHRAMS : GRANDS MAÎTRES DE L'INDE", Albin Michel, 1982.

(25) Arnaud Desjardins : "CONFIDENCES IMPERSONNELLES" (entretiens avec Gilles Farcet), Critérion, 1991.

Jean-Yves Leloup, lorsqu'il était encore un novice dominicain, avait été frappé par ce qu'une religieuse lui avait dit à propos de Dieu : *"Ne vous inquiétez pas de ce que vous faites, par vous-même vous ne pouvez mettre que des obstacles entre vous et Lui. Laissez-le. Donnez-Lui toute la place en vous, laissez-le être..."* (26). Dans sa jeunesse, au cours de séjours dans les monastères orthodoxes du Mont Athos, en Grèce, puis plus tard en Serbie, il avait rencontré des moines qui vivaient dans cette forme d'humilité et qui, voyant son besoin d'acquérir des connaissances et des expériences, avaient fustigé son orgueil. Mais il avait continué à chercher, travaillant avec Dürckheim en particulier, mais aussi en psychanalyse, étudiant la psychologie jungienne, le yoga, les mystiques de l'Orient et de l'Occident, et mettant en pratique autant qu'il le pouvait ces enseignements. Cela lui a permis, lorsqu'il a dirigé le centre culturel de la Sainte Baume dans les Bouches-du-Rhône, relié au monastère Saint-Jean-Cassien, d'organiser des rencontres visant *"l'intégration des expériences des grandes traditions spirituelles de l'humanité"*, intégration qui, selon l'expression de Dom Le Saux, est le nouveau défi du Christianisme s'il ne veut pas être *"réduit à n'être qu'une secte particulière"* dans l'histoire humaine (27).

Oscar Ichazo est le prototype du "découvreur mystique", engagé dès son plus jeune âge dans le travail spirituel, mais avec une attitude philosophique plus occidentale qu'orientale. Né en 1931 en Bolivie, il eut tout enfant des "expériences initiatiques" qui dépassaient complètement son entendement. *"Tout à fait soudainement, j'ai commencé à avoir des attaques qui survenaient dans cet état qui se trouve*

(26) Jean-Yves Leloup : "L'ABSURDE ET LA GRÂCE", opus cité - ch. XI (Novice Dominicain).

(27) Jean-Yves Leloup : "L'ABSURDE ET LA GRÂCE", opus cité - ch. XVIIII (La Sainte Baume).

entre la veille et le sommeil. La première fois que c'est arrivé, le 20 décembre 1937, j'avais six ans et demi. Ces attaques étaient très violentes et elles ressemblaient à des crises d'épilepsie. J'éprouvais d'abord beaucoup de douleur ainsi que la peur de mourir, et mon cœur battait très fort ; ensuite, il s'arrêtait. La douleur s'accroissait et je me sentais mourir... Mais au bout d'un moment, je retournais dans mon corps et je découvrais que j'étais vivant. Ces attaques se mirent à avoir lieu tous les deux ou trois jours. J'étais terrifié mais je savais que mes parents ne pouvaient pas m'aider ; c'est pourquoi je ne leur dis rien. Je me sentais très seul et différent des autres. J'avais continuellement peur que la crise suivante ne soit la dernière, ou que mes parents pensent que j'étais mort alors que j'étais seulement hors de mon corps. J'étais donc préoccupé jusqu'à l'obsession de trouver un moyen de rentrer dans la norme" (28). Beaucoup de mystiques ont dit que l'éveil est une grâce. Pour Ichazo, la grâce avait échoué, mais ces "expériences" lui donnèrent une forte motivation pour comprendre ce qu'elles pouvaient signifier : c'est cela qui le mit sur une voie de recherche que personne n'avait exploré aussi loin avant lui. Dès qu'il sut lire, il commença à étudier l'anatomie, la physiologie et la médecine. À neuf ans, il était déjà un expert en arts martiaux, à douze ans, il assistait à la dissection des cadavres à la faculté de médecine de La Paz, à treize ans, il était initié par des Indiens des Andes, les Curanderos, à l'ayahuasca, une drogue psychédélique qui provient d'un raisin poussant autour des arbres de la forêt amazonienne ; à dix-neuf ans, il était nommé directeur de la Bibliothèque du Congrès de Bolivie pour ses connaissances scientifiques et philosophiques, et à partir de vingt-trois ans, il se mit à étudier, à Buenos Aires,

---

(28) Oscar Ichazo : "COMMENT SE LIBÉRER DE LA TYRANNIE DE L'EGO", extrait de *"Interviews with Oscar Ichazo"*, Arica Institute Press, New York, 1982. Traduction française par Anne Shirley et Olivier Clouzot, Études Holistiques, Recouvrance, 1995.

avec un groupe de mystiques qui le mirent en contact avec des maîtres spirituel du Moyen et de l'Extrême-Orient. C'est ainsi que la multiplicité et la complémentarité des apprentissages vécus dans différentes parties du monde le conduisirent à découvrir les principaux paramètres du corps et du psychisme humains et à bâtir un enseignement intégrant l'ensemble de ces paramètres.

En 1964, alors qu'il était retourné en Bolivie, il fut envahi par un état d'extase qui dura une semaine : "*Mon corps était plongé dans un doux sommeil, mais je n'étais pas du tout endormi – j'étais au contraire complètement conscient. Toutes mes fonctions corporelles étaient si réduites que j'avais l'impression, par moments, de ne plus être en vie. Je faisais l'expérience de cette réalité de la mort, mais aussi l'expérience d'autres réalités. J'eus beaucoup de visions, les unes après les autres, qui avaient un sens extraordinaire sur le moment. J'ai vu selon quelles lois le cosmos était organisé, des lois que j'avais déjà comprises intellectuellement, mais que j'étais alors en train de voir s'accomplir. C'étaient des expériences de cosmologie portant sur la création et la recréation du monde. Je pouvais voir les relations mathématiques existant entre les choses, ce qui me mit sur la piste de nouveaux calculs. Ces calculs concernaient des problèmes logiques en eux-mêmes plutôt que leur traduction dans un langage différent comme nous le faisons maintenant.*

Un autre type d'expérience était de voir les temps modernes dans lesquels nous vivons et ce qui doit être fait pour apporter des solutions à ce monde troublé qui est maintenant le nôtre. À cette époque, c'est-à-dire dans les années soixante, il y avait très peu de gens conscients du chaos vers lequel nous approchions à grands pas. Au contraire, il y avait encore la certitude béate d'une croissance sans fin. Or, dans mes expériences, j'avais la vision de la planète toute entière approchant d'une catastrophe certaine, le type de catastrophe que rencontre un jour un corps physique rongé par la maladie, la détérioration et les contradictions internes. Je voyais l'humanité en train de mourir." (29).

8. Éveil de la conscience et expériences mystiques

Les premières expériences mystiques laissent en général un souvenir éblouissant qui secoue l'esprit de celui qui les a vécues d'une façon telle que ces expériences ne pourront jamais être oubliées. C'est comme si l'apprenant, quel que soit son âge, avait été marqué pour toujours, comme on l'a vu précédemment avec Matthieu Ricard fortement impressionné par le maître tibétain qu'il avait rencontré, et avec Oscar Ichazo épouvanté par une "initiation" qui lui était littéralement tombée dessus sans qu'il l'ait demandée. Ce sont ces "expériences d'éveil" (30) qui placent l'apprenant au début d'un chemin et lui donnent souvent la motivation de le parcourir jusqu'au bout.

Comme nous l'avons signalé au début de ce chapitre, le désintérêt de la science officielle pour l'expérience consciente du sujet pensant crée dans notre culture une zone aveugle qui oblige les personnes à apprendre à contre-courant. Cela n'empêche pas de véritables "chercheurs" de consacrer une partie importante de leur temps, voire même l'essentiel de leur existence, à explorer le chemin initiatique sur lequel ils se trouvent, puis de réfléchir et de théoriser sur lui afin de devenir eux-mêmes des guides. Ce sont ces expériences apparemment mystérieuses que l'on appelle "mystiques" (étymologiquement du latin *mysticus*, qui signifie "relatif aux mystères"), mais qui ne sont mystérieuses que pour ceux qui se refusent délibérément à les étudier – relire ce que dit Matthieu Ricard à ce propos dans la note 1 (page 42).

---

(29) Oscar Ichazo : "JE SUIS À LA RACINE DUNE NOUVELLE TRADITION", interview par Dorothy de Christopher, extrait de *"Interviews with Oscar Ichazo"*, (opus cité). Voir aussi Michel Savage : "AUX SOURCES DE L'ENNÉAGRAMME", qui donne un excellent aperçu de la vie aventureuse d'Oscar Ichazo (Éditions Holistiques, 1998).

(30) Voir Olivier Clouzot : "APPRENDRE AUTREMENT", chapitre 3.4 *"L'expérience vécue sur le terrain"*, opus cité, Livre de Poche, 1997.

Notre science officielle, du fait qu'elle s'intéresse surtout à des mesures considérées comme "objectives" parce qu'elles sont effectuées par des appareils et traitées par des calculatrices sous la forme de statistiques, est grandement responsable de cette attitude négative, qui consiste en fait à nier la réalité intérieure pour ne se pencher que sur la réalité dite "extérieure". Cela conduit à doter notre culture d'une pensée "hémiplégique", peut-on dire, qui ne va voir, d'une manière relativement objective, effectivement, qu'une facette de la totalité du réel et qui va divaguer et projeter sur l'autre moitié ses peurs et ses fantasmes. C'est ainsi que pour des "penseurs", et pour les groupes de pression qui leur servent de relais, des écoles mystiques traditionnelles, pourtant suivies par beaucoup de gens, sont étiquetées comme étant des "sectes", et mises dans le même panier que des rassemblements d'exaltés véhiculant des superstitions millénaristes ou des organisations de fanatiques dont certaines sont extrêmement dangereuses lorsqu'elles véhiculent des visions apocalyptiques de l'évolution [(31)].

---

(31) Ce type de vision borgne, qui met tout à plat parce qu'elle est incapable de distinguer ce qu'est un relief, donc d'apprécier ce que sont respectivement le haut et le bas, se retrouve également dans l'ensemble de notre culture occidentale où les drogues dites "douces" sont mises dans le même sac que des drogues dures, alors que les premières sont utilisées depuis des siècles dans des initiations chamaniques. Sur le plan spirituel, cela correspond à ce que le Président d'une association a appelé *"LA SECTOMANIA"* : *"Ce qui est excessif est insignifiant, dit l'adage. Ainsi, retrouver consignés pêle-mêle sur les pages d'un même rapport, j'allais dire au même banc des accusés, entre des escrocs, des doux dingues ou des assassins, la Dianétique, les Mouvements dits Apocalyptiques, le New Âge, le Club de yoga de ma secrétaire et l'Association Anthropos est une absurdité qui constitue un odieux scandale. En créant la confusion générale et en jetant la suspicion sur tout le monde, le rapport a perdu tout son sens et son intérêt, et par ailleurs il a manqué son but. Il a dilué notre méfiance et détourné notre attention de ceux qui le méritaient vraiment et qui avaient justifié l'établissement de ce rapport."* (Hervé le Jean, "La Lettre d'Anthropos", n° 41, hiver 1995).

Alors que paraissent des témoignages de plus en plus nombreux sur les expériences mystiques vécues par des apprenants cherchant au-delà des sentiers battus (32), il est donc important de réfléchir sur ce que pourrait être une vision structurale de la verticalité et sur les catégories conceptuelles permettant de la comprendre et de l'explorer.

Dans le chapitre suivant, nous proposons l'échelle constituée de quatre niveaux de conscience que développe ce livre, en commençant par le *niveau transpersonnel*, parce que c'est lui qui donne son sens à cette échelle et qui devient le véritable but des apprenants attirés par les expériences mystiques et par la transcendance de leur moi inférieur.

---

(32) Voir en particulier le livre de Gilles Farcet : "L'HOMME SE LÈVE À L'OUEST : LES NOUVEAUX SAGES DE L'OCCIDENT" (Albin Michel, 1992), qui est constitué d'interviews de Richard Moss, Ram Dass (Richard Alpert), Lee Lozowick, et Douglas Harding.

Chapitre III.

APPROCHE STRUCTURALE DE LA VERTICALITÉ

1. Le Niveau Transpersonnel

À travers les différentes expériences citées dans le chapitre précédent, on peut comprendre qu'un double mouvement se produit dans la réalisation de soi : **il y a un effacement de l'ego, du moi ou "être existentiel", comme l'appelle Dürckheim, qui permet à une nouvelle entité de se manifester, "l'être essentiel", le "Christ intérieur", le "Soi", ou "l'étincelle divine" qui est en chacun de nous** mais qui a été étouffée par l'ego, avec ses besoins, ses projets, ses désirs, et toutes ces "sécrétions mentales" qui remplissent la tête et éliminent tout autre forme d'attention et de présence à la réalité. Dans un autre système de croyance, le même phénomène peut être compris comme un total oubli de soi et un abandon à la volonté de Dieu, qui "prend toute la place". Dans un cas comme dans l'autre, on atteint alors ce que l'on peut appeler un NIVEAU TRANSPERSONNEL, parce que l'autocentration habituelle de la personne est transcendée.

On peut comprendre aussi que ce niveau de conscience, lorsqu'il est atteint par quelqu'un, puisse donner lieu à un type de comportement très différent de celui des autres personnes, car totalement orienté vers le SERVICE À AUTRUI ET À L'ÉVOLUTION GÉNÉRALE. Sauf exception, un individu qui a intégré un tel niveau au plus profond de son être se lève tôt, consacre les premières heures de la journée à la méditation ou à la prière, reçoit ses visiteurs, leur dispense ses enseignements, soulage leurs blessures morales et/ou physiques, mais leur donne aussi des connaissances et des pratiques qui visent à les rendre de moins en moins dépendants de lui. **Il est disponible aux besoins essentiels des autres parce qu'il n'est plus encombré par la peur et par l'obsession de satisfaire ses propres besoins existentiels**, et ce d'autant plus qu'il est déjà comblé par une énergie spirituelle qui imprègne l'ensemble de son être physique et psychique et qu'il entretient en priant, en méditant, ou en répétant des mantras. Qu'il soit considéré comme un sage, un gourou, un cheikh, un lama, un saint, un "éveillé", ou un "être parfait", n'est pour lui qu'un simple étiquetage, car ce qui compte avant tout est la réalité perceptive dans laquelle il est plongé et que ceux qui l'entourent ne sont pas capables de ressentir ni d'imaginer [(1)].

Cette réalité que certains appellent "divine", d'autres "transcendantale", d'autres encore "ultime" ou "absolue" correspond précisément à l'état d'être induit par les degrés les plus élevés du niveau transpersonnel, et est décrit dans les traditions spirituelles de l'Inde à l'aide de trois concepts sanscrits *Sat* (être), *Chit* (conscience), *Ananda* (félicité) – ce qui peut se manifester dans des manières d'être qui expriment

---

(1) *"Depuis quelques années, il n'y a pas un matin où je ne me sois réveillé totalement heureux, un soir où je ne me sois couché totalement heureux"*, déclarait en 1977 Arnaud Desjardins dans l'émission "Radioscopie" de Jacques Chancel — cité par Gilles Farcet : "ARNAUD DESJARDINS OU L'AVENTURE DE LA SAGESSE", Albin Michel, 1982.

la sérénité, la stabilité, l'égalité d'âme, mais aussi parfois par des comportements plus déroutants.

Un être réalisé peut effectivement, à certains moments, s'attaquer à certaines plaies ou tares inadmissibles de la société dans laquelle il vit, comme le fit Jésus lorsqu'il chassa sans ménagement les marchands du temple, et il y a eu au vingtième siècle des personnes très avancées spirituellement, comme Gandhi et Martin Luther King qui firent de la lutte non-violente un des axes principaux de leur vie. Ce type de comportement peut choquer certaines personnes ou certains groupes sociaux, et l'individu courageux qui se met ainsi sous les projecteurs risque de le payer un jour ou l'autre de sa vie. C'est pourquoi il existe depuis des millénaires, dans toutes formes de société, des individus très avancés spirituellement et qui ont besoin de se camoufler en jouant un rôle de bouffon ou de "fou du roi" (2), considéré socialement comme plus acceptable que celui consistant à s'attaquer directement aux injustices ou aux tabous sociaux : ils se présentent alors sous des apparences grotesques dont tout le monde peut se moquer, tandis que ces apparences sont souvent de simples exagérations de comportements considérés comme normaux pour le reste des citoyens. Ils sont catalogués dans les écritures sacrées millénaires de l'Inde, les *Upanishads*, sous le nom de "maîtres fous" ou de "maîtres de folle sagesse", et certains de ceux qui les ont approchés de près ont dit que c'était une grande chance de travailler avec de tels maîtres car ils vous mettaient directement en face de votre folie et de vos propres contradictions (3).

Il faut comprendre en effet que le comportement particulier, et parfois très étrange, des êtres réalisés est lié au

---

(2) Dans le Tarot, la carte n° 0, qui s'intitule *Le Fou*, représente notre être essentiel, mais aussi la personne réalisée qui a parcouru tout le chemin d'évolution, jusqu'aux derniers degrés du niveau transpersonnel.

(3) Voir le dossier "SCANDALE CHEZ LES GURUS" publié dans Nouvelles Clés n° 20, nov.-déc. 1991. Ce dossier analyse en particulier le cas de Chogyam Trungpa et d'Osho Rajneesh.

fait qu'ils se trouvent au-delà des morales socioculturelles qui régissent la société, morales qu'ils respectent généralement par compassion pour ceux qui s'y soumettent aveuglément, et parce qu'ils ne cherchent pas à être un objet de scandale, mais morales dans lesquelles ils ne sont pas eux-mêmes enfermés, parce qu'ils ont une ÉTHIQUE PERSONNELLE qui est bien plus forte et exigeante que la morale socioculturelle fondée sur la "dualité du bien et du mal" (4). Cette éthique consiste à placer la réalisation de l'unité intérieure bien au-dessus de toute autre forme de réalisation personnelle ou collective, et d'agir dans le monde afin que l'énergie d'illumination se répande *"pour le bénéfice de tous et la réalisation de l'Humanité-Une"*, selon une expression utilisée dans l'École Arica. C'est ce qui est connu dans le Bouddhisme comme étant le Vœu du Bodhisattva, c'est-à-dire l'engagement qu'il n'y aura pas de repos tant que tous les êtres humains n'auront pas atteint l'éveil total de la conscience (5). Un tel engagement n'est pas fondé sur la coercition, la manipulation, l'intolérance, ou la violence consistant à convertir les autres contre leur volonté, mais sur une éducation méthodique et raisonnée dans laquelle l'éducateur doit être lui-même une illustration vivante de ce qu'il enseigne, sous peine de faillir à sa mission.

---

(4) Il y a dans toutes les traditions des histoires qui rendent compte, souvent de manière humoristique, du fait que la morale spécifique du niveau transpersonnel est différente de la morale traditionnelle. Par exemple, l'histoire zen suivante. Un maître propose du saké à son disciple dans un temple bouddhiste. Le disciple s'exclame : *"N'est-il pas écrit à l'entrée du temple qu'il ne faut pas boire d'alcool dans ce lieu ?". "Oui,* répond le maître, *cela est écrit sur la porte de devant. Mais ne sommes-nous pas entrés par la porte de derrière ?"*

(5) On trouve par exemple dans le Bouddhisme les trois vœux suivants : *"1. Faisant le vœu de libérer tous les êtres, je prends continuellement refuge dans le Bouddha, le Dharma et la Sangha jusqu'à ce que j'atteigne l'Éveil. 2. Œuvrant au bien des êtres avec sagesse et compassion, je demeure dans la présence du Bouddha et cultive l'esprit d'Éveil. 3. Aussi longtemps qu'existera l'espace, aussi longtemps qu'il y aura des êtres, puissé-je moi aussi demeurer pour dissiper la douleur du monde."* (Initia-

Le Niveau Socioculturel

Si le niveau transpersonnel correspond à l'échelon le plus élevé de l'évolution humaine qui se déploie dans la verticalité, le niveau socioculturel est le point de départ naturel de toute personne qui a ses racines dans une famille donnée, une culture, une société, voire une religion. Cette personne commence donc sa vie en ayant un point de vue sur le monde qui lui est imposé par son contexte familial et social au sein duquel elle est éduquée, cette "éducation" étant d'abord un système complexe de conditionnements qui sont transmis de génération en génération, les parents cherchant à inculquer à leur enfant les valeurs relatives et circonstancielles auxquelles ils se sont identifiés, en les prenant souvent pour des vérités absolues. L'enfant est donc soumis à des conditionnements familiaux et à des tabous culturels contre lesquels il n'a aucun moyen de défense, sinon celui de prendre systématiquement le contre-pied de tout ce qu'on lui dit, attitude mécanique dans laquelle il n'existe pas non plus de liberté. Dans l'évolution humaine, la liberté se conquiert progressivement, mais elle est au départ quasiment nulle, puisque la personne est contrainte de se plier aux lois du groupe qui lui assure nourriture et protection.

Au début de son existence, l'être humain est donc tout autant prisonnier de la société dans laquelle il est apparu qu'un jeune animal — agneau, daim, louveteau, ou lionceau — appartenant à une horde ou à un troupeau.

---

tion donnée en Savoie par le Dalaï Lama en avril 1997). Ces phrases peuvent être rapprochées de celles qui expriment un vœu analogue dans l'École Arica : *"1. Je fais le vœu de consacrer ma vie à l'accomplissement de l'illumination radieuse. 2. Je fais le vœu de travailler pour la libération de tous les êtres. 3. Je fais le vœu d'obtenir la réalisation ultime pour le bénéfice de tous. 4. Je fais le vœu de tenir mon serment jusqu'à ce que j'atteigne la théose parfaite (état de Bouddha)"* (Oscar Ichazo : "NATURE DIVINE" - dernière formation du huitième niveau de l'enseignement de l'École Arica - Arica Institute, 1995).

Il faut préciser que ce que l'on appelle ici "niveau socioculturel" est le niveau de départ commun à tous les êtres humains, quelles que soient leur classe ou leur origine sociales : un enfant de sénateur, de cadre supérieur, d'ouvrier ou de paysan a un niveau de conscience de départ qui est constitué par un ensemble de croyances et de règles auxquelles il est obligé de se conformer, cela ayant toujours existé dans les sociétés humaines, agricoles ou industrielles, sur n'importe quel continent. La seule différence entre le niveau socioculturel des uns ou des autres réside dans la force contraignante des conditionnements auxquels ils sont soumis, un fils de notable étant peut-être plus désavantagé sur ce plan que l'enfant d'un artisan, d'un commerçant, ou d'un artiste, à cause des règles et des rites qu'il doit respecter pour maintenir son rang. Ces conditionnements sont semblables à des liens entravant un prisonnier ; plus ils sont nombreux, plus ils rendent difficiles l'évolution verticale vers ce qui devra passer par l'affirmation de sa propre personnalité.

Enfin, nous avons vu au début de cet ouvrage que la personne commence nécessairement son existence en développant de nombreux apprentissages horizontaux, afin de parvenir à trouver sa place et à fonctionner normalement dans la société ; elle a donc déjà beaucoup à faire, et rien ne la pousse *a priori* à entrer dans des apprentissages verticaux. Il est évident que nombreux sont ceux qui se satisfont de la seule dimension horizontale, ce qui signifie qu'ils pourront rester toute leur vie au niveau d'où ils sont partis, quels que soient par ailleurs les talents et compétences qu'ils auront développés dans cette dimension.

Ce niveau socioculturel de départ comporte cependant deux degrés nettement différenciés. Au premier degré, la personne accepte inconsciemment l'ensemble de ses conditionnements et se résigne en quelque sorte à rester déterminée par eux : elle n'a donc pas de trajectoire propre, parce qu'elle ne fait pas de choix qui l'engagent personnellement, se contentant de suivre des programmes de comportement acquis pendant les premières années de sa vie et sur lesquels elle n'a aucune prise ; même si elle maugrée contre son destin, en fait, elle lui obéit. Elle est conformiste et sensible au qu'en dira-t-on.

Au deuxième degré du niveau socioculturel, la personne choisit au contraire un groupe social particulier dans lequel elle veut s'insérer parce qu'il va l'aider à se structurer : elle épouse les croyances et les règles de ce groupe qui deviennent pour elle des vérités auxquelles elle est identifiée. Cela crée une attitude dogmatique lorsqu'il s'agit d'un groupe professionnel, attitude qui peut conduire jusqu'à l'intolérance et au fanatisme dans le cas d'un groupe politique ou religieux.

Ces deux degrés du niveau socioculturel ont en commun le fait que la conscience est complètement attachée aux apparences du monde extérieur, ce qui rend la personne très dépendante de ce qu'elle croit être la réalité ; ses perceptions subjectives induisent donc pour elle des certitudes absolues, quiconque contestant ces jugements devenant automatiquement un adversaire qui doit être combattu. Il y a donc beaucoup de violence potentielle dans un tel niveau, mais aussi une grande souffrance inconsciente qui fait un énorme contraste avec la joie qui inonde celui ou celle qui se trouve au niveau transpersonnel, parce qu'il ne s'identifie plus à ses processus subjectifs et que la centration permanente sur le "divin" est devenue infiniment plus importante pour lui.

3. Les Niveaux intermédiaires : de l'ego individualiste à l'individu individualisé

Entre ces deux extrêmes que sont le niveau socioculturel et le niveau transpersonnel, qui se distinguent par le fait que la conscience est très attachée aux apparences des phénomènes dans le premier niveau, alors qu'elle est au contraire détachée dans le dernier, il existe des étapes intermédiaires où la conscience découvre de nouvelles orientations.

Nous avons vu que dans le niveau socioculturel, la personne dépend du groupe dans lequel elle est plongée et n'a pas encore pu dégager sa personnalité ; la dimension verticale ne va donc prendre corps pour elle que lorsqu'elle commencera à exister individuellement et à s'affirmer dans ce qui la différencie par rapport aux autres.

Ce processus de croissance consiste d'abord à rejeter ce qui lui a permis d'exister jusque là, comme un adolescent qui conteste les valeurs que lui ont inculquées ses parents pour essayer de découvrir les siennes, accédant alors à un nouveau mode d'existence apparemment plus instable et insécurisant que le précédent. C'est ce que l'on peut appeler le NIVEAU DE L'EGO INDIVIDUALISTE, où le moi commence à prendre des responsabilités, ce qui lui permet de découvrir en lui des forces qui n'avaient pas pu s'exprimer auparavant. Il y a là un renversement complet de tendances : l'être n'existait avant que par référence au monde extérieur et au groupe qui le protégeait, tandis qu'il est maintenant capable d'exister par et pour lui-même en devenant sa propre référence et en étant l'auteur principal de son histoire, au lieu d'être le jouet d'un destin capricieux qui le dominait. Il jouit alors pour la première fois d'un sentiment exaltant de liberté.

Cette découverte du moi existentiel est fondamentale pour sentir l'importance de la dimension verticale, mais elle est loin d'être suffisante et conduit rapidement à une impasse si on la prend pour un aboutissement. Car la personnalité qui s'est affirmée dans un sursaut d'indépendance, ou plutôt de contre-dépendance par rapport au milieu familial et social par lequel elle avait été conditionnée, est structurée de manière plus qu'hasardeuse sur des oppositions systématiques ou impulsives aux normes de comportement instituées par les éducateurs et les parents, et sur un ensemble d'appétits et de désirs, de pulsions et de compulsions, d'attractions et de répulsions, qui constituent un conglomérat disharmonieux et incohérent qui fluctue au gré des situations, des modes et des humeurs.

En fait, elle était déjà présente, cette personnalité égotique, car elle avait commencé à se construire en secret lorsque la conscience était étouffée sous la pression socioculturelle ; ce qui apparaît donc au grand jour lorsqu'elle commence à s'affirmer est fondé sur des blessures, des peurs et des phobies, des frustrations et des culpabilités, des haines et des colères qui, la plupart du temps, n'ont même pas été exprimées et qui ont été refoulées dans l'inconscient.

Le niveau de l'ego individualiste que découvre la conscience qui commence à peine à sortir de son sommeil est donc un niveau qui apparaît d'abord comme une merveilleuse conquête de la liberté, mais qui est en réalité fondé sur une carapace qui s'est développée peu à peu comme un moyen de protection contre les agressions du monde socioculturel environnant.

Derrière une apparence relativement policée, qui n'est qu'un masque social qu'il s'est fabriqué, l'individu égotique est en réalité une construction aléatoire et chaotique composée de besoins physiques, de pulsions émotionnelles, et de préoccupations mentales qui ne sont ni harmonisées ni intégrées, et d'attractions sexuelles et spirituelles qui tirent la personne dans des directions opposées, ce qui l'empêche de découvrir et d'exprimer sa nature profonde et son unité.

Un des effets les plus pervers du niveau de l'ego individualiste est qu'il produit des êtres séparés [(6)], isolés dans leur ambition d'acquérir du pouvoir, de recevoir de la considération, de gagner de l'argent. Il y a une avidité de possession tout à fait caractéristique de ce niveau, même si elle

(6) Le film d'Agnès Jaoui sorti en mars 2000, *"Le goût des autres"*, montre bien que nos goûts et nos dégoûts sont rarement partagés par les gens qui nous entourent et qu'ils contribuent à faire de nous des êtres séparés. Ce film aurait pu tout aussi bien s'appeler *"L'ego des autres"*, car il est connu que, si l'on a beaucoup de mal à être conscient de notre comportement égotique, il est très facile d'être choqué par celui des autres.

est souvent inconsciente, en particulier chez ceux qui se sentent frustrés de ne pas avoir assez.

Le fossé est immense entre le niveau de l'ego individualiste et le niveau transpersonnel, si grand même que seules quelques individualités d'exception sembleraient avoir la capacité de le franchir. Pourtant, il existe, à peu près à mi-chemin entre les deux, un niveau de conscience clairement identifiable que l'on peut appeler le NIVEAU DE L'INDIVIDU INDIVIDUALISÉ, et qui se définit par la **capacité de surmonter des crises et d'entrer dans un processus continu d'autotransformation finalisé par le désir de permettre à l'être essentiel d'émerger et d'atteindre sa pleine maturité.** La personne a vraiment ressenti, effectivement, la présence du *moi essentiel* et elle a donc compris que le *moi existentiel*, l'ego, qui se croyait le maître, n'est qu'un tyran frustré qui réclame toujours plus que ce qu'il a et qui empêche l'essence de se développer. À partir de ce moment, le travail pour affiner la conscience et la rendre capable de démasquer les jeux de l'ego devient le plus important. Le processus de l'individu change de nature : il n'est plus centré sur le désir d'acquérir du pouvoir sur le monde extérieur, mais sur celui de maîtriser son univers intérieur, et ce qu'il percevait auparavant comme des épreuves deviennent des défis susceptibles d'accélérer sa transformation.

Parallèlement, les relations interpersonnelles se modifient en devenant plus authentiques et plus humaines, tandis que l'action extérieure est orientée vers le service à l'évolution générale. Certaines expériences du niveau transpersonnel apparaissent désormais possibles, et des moments de paix et de sérénité s'inscrivent effectivement dans la réalité du vécu, chaque fois que les récriminations et les impatiences de l'ego se sont tues.

Cela est très important car c'est une expérience nouvelle pour la personne : autant les moments positifs du niveau de l'ego individualiste étaient ressentis dans une certaine exaltation, un fort plaisir d'agir, de créer et d'inscrire sa marque dans l'univers, autant ceux de l'individu individualisé sont plus simples et plus dépouillés, mais aussi plus essentiels (même s'ils sont encore rares) : c'est le plaisir d'être soi-même, de n'attendre rien de plus que ce qu'on a, c'est aussi celui d'aimer et d'être aimé, avec la différence que l'amour est ici une énergie libre qui vibre en soi sans être dépendante de la présence d'un partenaire.

Mais ce qui caractérise vraiment ce niveau, c'est **la certitude que la seule chose qui vaille vraiment la peine d'être recherchée est cet état d'unité profonde et totale**, qui s'appelle illumination, réalisation de soi, satori, nirvana, ou union avec Dieu, et vers lequel on se dirige en montant. En même temps, cette recherche implique la capacité d'explorer nos abîmes intérieurs, ce qui se fait en descendant.

4. Expériences spécifiques des niveaux de conscience

Arrêtons-nous quelques instants sur ce que nous avons défini pour mieux le comprendre. **Le modèle que nous venons de construire en faisant l'hypothèse qu'il existe quatre niveaux de conscience fondamentaux est un MODÈLE SPATIO-TEMPOREL portant sur un espace intérieur, la dimension verticale, et mettant en jeu le temps qu'il faut pour explorer la totalité de cette dimension en partant du premier niveau, le niveau socioculturel par lequel nous sommes déterminés au début de la vie, et en élargissant progressivement notre champ de conscience de manière à inclure successivement les autres niveaux dans notre expérience.**

Remarquons que ce niveau socioculturel de départ est l'intersection du plan horizontal et du plan vertical : nous ne le quittons jamais, même si, pendant que nous explorons le deuxième niveau de conscience, celui de l'ego individualiste, nous avons tendance à le regarder de haut et à le mépriser. Par la suite, lorsque nous intégrons dans notre conscience le niveau de l'individu individualisé et le niveau transpersonnel, si nous avons la capacité d'y arriver, nous reconnaissons nécessairement que ce niveau socioculturel est la fondation de notre être mais que nous pouvons aussi le nourrir en retour avec ce que nous avons appris – c'est d'ailleurs à ce moment-là que nous reconnaissons que notre société de base va bien au-delà de la localité dans laquelle nous sommes né et du pays dans lequel nous avons vécu, jusqu'à englober l'ensemble de l'humanité.

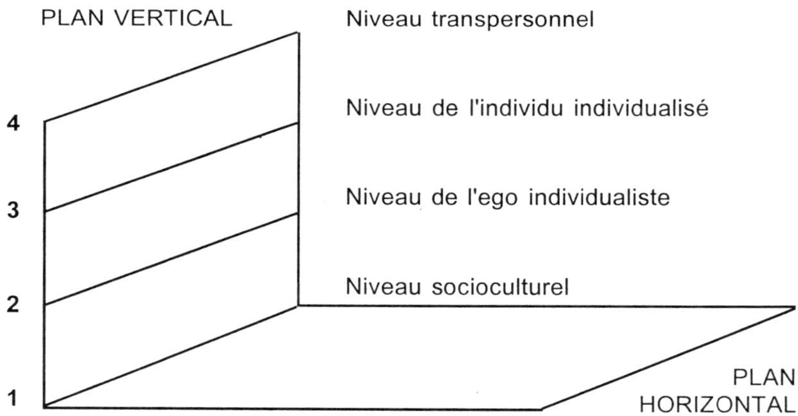

Figure 1

La figure 1 ci-dessus représente la structure dans laquelle va venir s'inscrire notre développement. Le niveau socioculturel correspond à ce qui nous est donné en déterminant le champ où se réalisent nos apprentissages horizontaux, mais l'ensemble de la dimension verticale n'est encore qu'une pure potentialité : c'est à chacun de nous qu'il

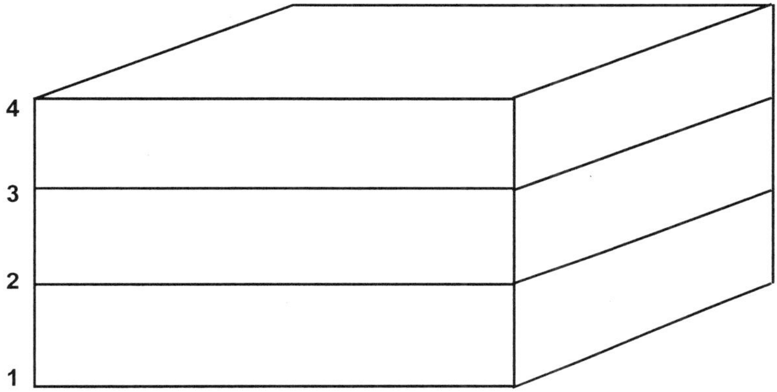

Figure 2

appartient de l'actualiser en prenant conscience des limites du niveau socioculturel et des moyens de les dépasser, ce qui permet de découvrir le niveau de l'ego individualiste et de commencer à l'explorer.

À partir de ce moment, ce qui était une structure vide commence à exister réellement, et l'on peut passer de la figure 1 à la figure 2 où la psyché humaine est représentée par une citerne qui se remplit grâce aux expériences de la vie en atteignant progressivement chacune des graduations qui correspondent aux grandes catégories que nous avons définies. Ainsi y a-t-il un premier type d'expériences, fondées principalement sur l'obéissance et l'imitation, qui permettent de remplir le premier niveau (niveau socioculturel). Puis un deuxième type d'expériences, apparemment contradictoires avec les premières car elles sont fondées sur la révolte et sur la conquête, peut prendre le relais pour remplir le deuxième niveau (ego individualiste). Par la suite, de nouvelles expériences, différentes de celles que l'on vient de vivre, permettent le remplissage du troisième niveau (individu individualisé) en restructurant l'ego et en le vidant de son contenu égocentrique. Enfin, des expériences encore plus dépouillées que les précédentes, et même d'une qualité de conscience extrêmement fine, sont les seules permettant le remplissage du quatrième niveau (niveau transpersonnel).

Cette représentation a l'avantage de montrer clairement que la répétition d'un même type d'expériences n'apporte plus rien à la personne lorsqu'un niveau a été rempli. Par exemple, un individu peut avoir besoin à un certain moment de s'opposer à ses parents pour conquérir son autonomie, mais le fait de se fixer dans une opposition systématique à tout ce qui provient de sa famille ne lui servira à rien, sinon à se maintenir inutilement dans une attitude exclusive caractéristique du niveau de l'ego individualiste et à lui fermer l'accès à des niveaux plus inclusifs.

On peut comprendre également qu'il n'est pas possible de sauter un niveau pour évoluer. Par exemple, la tentation de passer du niveau 1 (socioculturel) au niveau 3 (individu individualisé), en évitant le risque consistant à s'impliquer dans une expression personnelle qui pourrait choquer la famille ou l'environnement, ce qui correspond à une attitude caractéristique du niveau 2, débouchera sur un échec et entraînera la personne à rester prisonnière des conformismes qu'elle n'ose pas déranger, ce qui l'empêchera de développer sa véritable individualité et de s'affirmer dans ce qu'elle aime et ce qu'elle n'aime pas.

Signalons aussi combien il est inutile et même dangereux d'essayer de passer directement du niveau socioculturel au niveau transpersonnel en se lançant dans le travail spirituel sans en avoir la maturité ; il est bien connu que les grands mystiques ont toujours eu de fortes personnalités, mais ceux qui veulent les imiter trop tôt restent des enfants bloqués dans la dépendance vis-à-vis du maître, et deviennent des proies faciles offertes aux sectes et aux faux gourous.

La représentation de la figure 2 a un autre intérêt : celui de revaloriser le plan horizontal qui est maintenant devenu un espace où les apprentissages socioculturels qui sont réalisés prennent eux-mêmes un sens dans la dimension verticale et deviennent associés, voire intégrés, aux apprentissages verticaux – on l'a bien vu à propos du "chercheur" Matthieu Ricard, cité au début de ce chapitre, et pour qui l'apprentissage de l'anglais et du tibétain a fait partie intégrante de son travail dans le Bouddhisme.

5. Dynamique d'évolution à travers les niveaux de conscience

a) Dynamique d'évolution individuelle

Une question demeure : qu'est-ce qui pousse certaines personnes à travailler dans la dimension verticale alors que d'autres peuvent se contenter toute leur vie de la seule dimension horizontale ? On peut prendre l'analogie du fœtus pour qui la matrice est une enveloppe chaude et confortable tant que ses dimensions lui permettent de se sentir à l'aise dans l'espace qui le protège et le nourrit ; mais lorsque cet espace devient trop petit pour lui, il éprouve le besoin incoercible d'en sortir. Certaines personnes en arrivent effectivement à ressentir un jour le niveau 1 comme une prison dans laquelle elles sont enfermées, et elles cherchent alors le moyen de s'en évader ; mais pour en venir là, il faut parfois attendre jusqu'à ce que la situation soit perçue comme intenable, ou catastrophique, ce qui peut devenir le cas lorsqu'une règle familiale ou sociale bloque la satisfaction d'un désir, par exemple quand les pulsions sexuelles de l'adolescent sont inhibées par l'attitude sur-protectrice des parents. Ces personnes découvrent alors le pouvoir transformateur des crises.

"J'ai acquis la certitude que les catastrophes sont là pour nous éviter le pire. Et le pire, comment pourrais-je exprimer ce qu'est le pire ? Le pire, c'est bel et bien d'avoir traversé la vie sans naufrages, d'être resté à la surface des

choses, d'avoir dansé au bal des ombres, d'avoir pataugé dans ce marécage des on-dit, des apparences, de n'avoir jamais été précipité dans une autre dimension. Les crises, dans la société où nous vivons, elles sont vraiment ce qu'on a encore trouvé de mieux, à défaut de maître, quand on n'en a pas à portée de la main, pour entrer dans l'autre dimension"(7) – ainsi s'exprime une élève de Graf Dürckheim à propos du basculement de la dimension horizontale à la dimension verticale. Car le passage du niveau socioculturel au niveau de l'ego individualiste, c'est comme la crise de l'adolescence, tandis que le passage du niveau de l'ego individualiste à celui de l'individu individualisé correspond à la crise qui permet de passer de l'adolescence à la maturité. Refuser ces crises, c'est littéralement refuser de grandir, ce qui va rendre encore plus pénible chaque adaptation accompagnant l'indispensable mutation. Mais dès que la mutation est acceptée, la crise cesse comme par enchantement, et les premiers résultats positifs de la transformation ne tardent pas à se produire.

Il y a donc une crise au départ de chaque passage d'un niveau à un autre, crise perçue comme le signe qu'un changement dont on ne voyait pas la nécessité s'imposait en réalité.

La PREMIÈRE CRISE est celle qui souligne la nécessité de rompre avec les valeurs et habitudes imposées dans le niveau socioculturel pour découvrir ses valeurs personnelles et ce qui apparaît comme une possibilité réelle d'autonomie ; nous l'avons comparée à la crise de l'adolescence avec laquelle elle a de nombreux points communs. Une personne qui ne franchit pas cette première épreuve de l'évolution va rester dans le giron de ses parents (ou de ceux qui en tiennent lieu parce qu'ils assurent sa protection), et elle risque de devenir l'esclave de n'importe quel conformisme familial ou social, pour faire plaisir ou pour ne pas faire de vagues, mais en ignorant ses propres besoins et ses motivations profondes. Cette crise est bien connue dans toutes les cultures et, depuis le *"Roméo et Juliette"* de Shakespeare

(7) Christiane Singer : "DU BON USAGE DES CRISES" , Terre du Ciel, 1994.

jusqu'au *"Cercle des poètes disparus"*, la littérature et le théâtre, puis le cinéma, ont décrit sous des formes multiples les aventures, épreuves, péripéties, bonheurs et malheurs, que traversent ou rencontrent les êtres humains, hommes ou femmes, jeunes ou vieux (8), qui cherchent à conquérir leur liberté et à affirmer leur indépendance, en acceptant d'en payer le prix, même si cela doit leur faire perdre l'estime de leur communauté, voire même parfois leur coûter la vie.

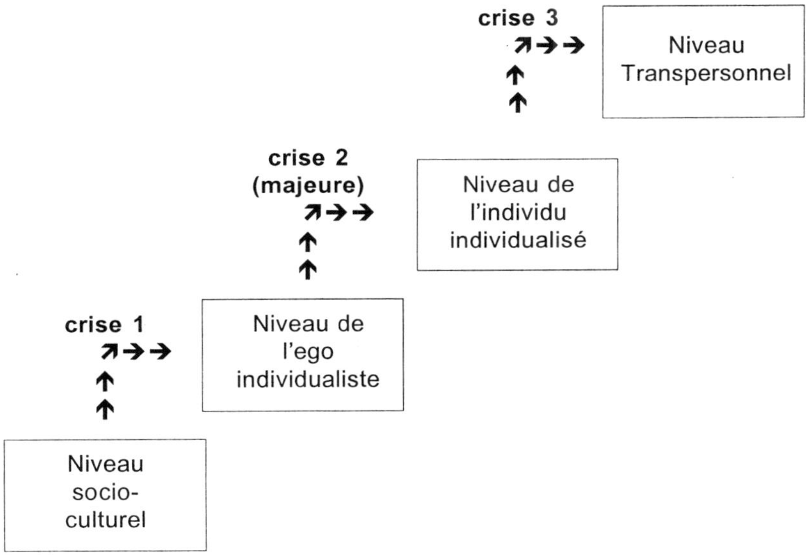

Figure 3

(8) Dans un film des années soixante-dix, *"La vieille dame indigne"* de René Allio, on voit une femme qui avait été toute sa vie une épouse soumise conquérir son indépendance après la mort de son mari, en secouant les habitudes dont ses voisins et sa famille souhaitaient pourtant qu'elle restât prisonnière. En 1998, un film américain de Frank Oz, *"In & out"*, montre comment un professeur ayant atteint la quarantaine prend conscience de son homosexualité et en fait publiquement l'aveu le jour où il devait se marier, laissant enfin tomber le masque pour se libérer des conformismes de sa communauté.

La DEUXIÈME CRISE, qui est la plus importante, est celle qui se déclenche lorsqu'il est nécessaire de passer de l'ego individualiste à l'individu individualisé, c'est-à-dire d'abandonner une attitude de contre-dépendance et de lutte permanente en vue de s'affirmer, pour entrer dans une attitude d'interdépendance fondée sur le respect des autres et la capacité de coopérer avec eux sur un pied d'égalité. Une personne qui ne franchit pas ce cap va rester vulnérable et tendue, toujours en train de se battre ou de ruser pour se défendre ou s'imposer, mais incapable d'amour vraiment désintéressé et de lâcher-prise. Elle sera enfermée dans sa subjectivité et dans son orgueil de "moi" séparé, se coupant du flux d'énergie qui porterait naturellement l'être humain vers son accomplissement le plus élevé si l'ego n'y faisait pas obstacle [9].

La TROISIÈME CRISE est celle qui sépare le niveau de l'individu individualiste du niveau transpersonnel : c'est la plus subtile parce qu'elle peut être liée à n'importe quel type de crise passée, donc apparemment déjà surmontée, mais dont certains facteurs archaïques et obscurs liés à la petite enfance n'avaient pas encore été éclairés et dépassés.

C'est surtout dans la crise numéro 2 que les résistances de l'ego sont les plus fortes, mais c'est cette force elle-même qui va nourrir la puissance de la crise. Car l'ego qui résiste se durcit, et, se durcissant, il devient de plus en plus rigide. Cette rigidité le rend plus agressif ou plus vulnérable aux stress, parfois les deux à la fois. Il y a là une très

---

(9) *"L'ego n'est qu'une phase — et non pas une entité — dans le processus d'individualisation : c'est un contenant, une structure de conscience qui pourra, au fil du temps, progressivement (ou soudainement ?) s'ouvrir à des perspectives plus vastes que les désirs personnels, et à l'influx du Soi ou Moi essentiel. C'est la souvent lente progression de l'ego vers la personne individualisée, l'individu-en-herbe, puis l'individu... qui n'est ni le bout ni le but du chemin."* (Alexander Ruperti : "DE L'EGO VERS LA PERSONNE INDIVIDUALISÉE", Revue d'Astrologie Humaniste, n° 5, avril-mai-juin 1995).

forte probabilité d'explosion qui va se manifester, à la moindre occasion, sous la forme de maladie, d'accident, ou de dépression – deuil, épreuve sentimentale ou professionnelle, entrée dans la vieillesse, jouant souvent un rôle de déclencheur.

Mais c'est aussi à l'occasion de cette deuxième crise que notre modèle peut faire la preuve de son efficacité, car il permet de comprendre le sens profond de la crise que nous traversons. Or la compréhension d'un tel phénomène facilite énormément son acceptation quand il arrive ; même si elle n'atténue pas le choc initial lorsque surgit la crise, du moins a-t-elle l'avantage d'en dédramatiser les manifestations. Ce qui rend le processus de transformation spécifique de la verticalité particulièrement difficile à vivre, c'est l'ignorance du fait qu'il va toujours dans la même direction, celle du niveau transpersonnel, en commençant obligatoirement par le niveau socioculturel, et en passant ensuite par les deux formes antinomiques du niveau individuel : ego individualiste et individu individualisé. C'est la raison pour laquelle de nombreuses traditions spirituelles ont toujours mis l'ignorance (*avidya* en sanscrit) à la base de la souffrance humaine. Car **tant que certaines personnes sont précipitées aveuglément dans des expériences dont elles ne comprennent pas la signification ni la finalité, les souffrances de leur vie s'accumulent et elles sont de moins en moins capables de se transformer.**

b) Dynamique d'évolution collective

La connaissance des lois concernant l'évolution du niveau socioculturel au niveau transpersonnel devient encore plus claire lorsque l'on sait qu'une vie humaine permet maintenant, grâce à l'expérience des niveaux de conscience, de résumer l'évolution des logiques qui ont été formalisées sur près de 2500 ans d'histoire.

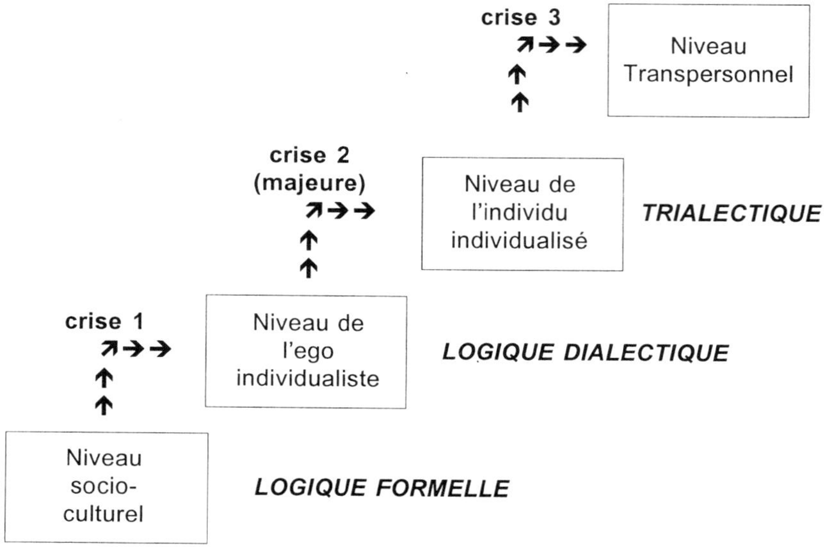

Figure 4

Le premier niveau de conscience correspond en effet à la *logique formelle* définie par Aristote (384-322 av. J.-C.) pour poser les bases de la science et de toute continuité socioculturelle grâce à un langage précis : c'est une logique de stabilité caractéristique de l'enfance et visant l'*autoprotection*. Le deuxième niveau repose sur la *dialectique* formalisée par Hegel (1770-1831) pour rendre compte de la manière dont l'être humain cherche à conquérir sa liberté [10] : c'est une logique du mouvement qui correspond à l'adolescence et qui favorise la *compétition*. Le troisième et le quatrième niveaux correspondent à la *trialectique* forma-

(10) La dialectique est expliquée par Hegel à partir d'un texte célèbre intitulé *"la dialectique du maître et de l'esclave"* (voir "INTRODUCTION À LA LECTURE DE HEGEL", par Alexandre Kojève - Gallimard, 1947).

lisée par Oscar Ichazo pour expliquer comment l'unité des processus repose sur l'interaction des polarités : c'est une logique des cycles caractéristique de la maturité qui vise l'*accomplissement des potentialités humaines les plus élevées.*

S'il a fallu des siècles pour que ces logiques soient progressivement élaborées et appliquées, on peut comprendre que le passage des unes aux autres à l'intérieur d'un même cycle de vie déclenche dans la psyché des perturbations créatrices de crises. Cela a déjà fait l'objet d'un certain nombre d'études présentées dans des écrits et dans des séminaires produits ou créés par le Centre de Recouvrance [(11)], mais nous en développerons de nouveaux aspects dans le chapitre suivant. Cependant, il est important de savoir que le processus collectif obéit aux mêmes lois que le processus individuel, et que la société évolue elle aussi à travers les niveaux de conscience au fur et à mesure qu'elle intègre dans la culture les logiques qui correspondent à ces niveaux, intégration qui suppose donc également de traverser des crises.

La **LOGIQUE FORMELLE** a été définie au IVe siècle avant J.-C. par Aristote qui a été reconnu comme le "père de la logique", car il a défini la connaissance comme relevant de l'observation des phénomènes et de l'analyse formelle du langage dans lequel nous les exprimons. Elle a trois lois, la *loi d'identité*, la *loi de contradiction*, et la *loi du tiers exclu*, qui fixent le sens des mots et permettent de décrire la réalité. C'est une logique de classification, d'étiquetage, et de hiérarchisation, qui est nécessaire pour le déve-

---

(11) Voir Olivier Clouzot : "ÉDUCATION POUR LE 3e MILLÉNAIRE : des logiques éducatives à la transparence pédagogique" (Éditions Holistiques, 1999). Voir aussi "ÉVOLUER AUTREMENT GRÂCE À LA TRIALECTIQUE : une nouvelle logique pour un nouvel âge", par Olivier Clouzot et Michel Brosson (Études Holistiques, 1994), ainsi que le séminaire *"La Dynamique du Changement"* qu'ils ont créé en 1995 et qui développe les trois logiques à travers de nombreux exemples concrets.

loppement et la transmission des sciences, mais qui a tendance à figer les objets qu'elle analyse en leur donnant des qualités intemporelles que l'on n'ose pas contester. Sur le plan socioculturel, cela crée des systèmes de valeurs et des croyances considérées comme des vérités absolues qu'il n'est pas permis de remettre en cause, et favorise l'institution d'un ordre social très hiérarchisé fondé sur une division de castes ou de classes dans lesquelles les personnes sont enfermées : si chacun reste à sa place, l'ordre est ainsi facilement assuré. De toute façon, cet ordre est maintenu par la force au moyen de règles strictes dont la transgression est sévèrement punie, les coupables payant souvent leur désobéissance de leur vie.

Dans un tel système social, la vie individuelle n'est pas importante, car c'est avant tout la sécurité du GROUPE qui doit être assurée, et tout ordre social différent de celui dans lequel on vit est combattu dès qu'il est perçu comme une menace. C'est pourquoi la logique formelle, conçue au départ pour mettre de l'ordre dans les idées, a été le plus souvent à travers l'histoire la logique qui a permis aux communautés humaines de rationaliser leur intolérance et de justifier les guerres auxquelles elles se sont livrées pour assurer la PROTECTION de leurs croyances, de leur vision du monde, et de leur organisation qui garantissaient leur identité – chaque groupe voyant en l'autre non pas un *alter ego*, mais un ennemi absolu avec lequel aucun compromis ne pouvait être établi (pour des raisons de principes), et qui devait donc se soumettre ou être détruit.

Les mots-clés de la logique formelle sont **"stabilité"**, **"ordre"**, **"sécurité"**, **"autorité"**, **"prestige"**, **"honneur"**, **"obéissance"**, **"habitude"**, **"droit"**, **"raison"**, **"déterminisme"**, **"centralisme"**, etc.

Cette logique a culminé au Moyen-Âge, où Saint Thomas d'Aquin (1228-1274), qui cherchait à accorder la foi et la raison, s'est servi des théories d'Aristote pour justifier les dogmes de l'Église, et où la science et la philosophie étaient soumises à la théologie, tandis que le pouvoir temporel devait découler du pouvoir spirituel pour acquérir sa vraie légitimité. Mais la fin du Moyen-Âge fut une longue période de crise, avec deux siècles, le quatorzième et le quinzième, marqués par la grande peste noire qui fit vingt-cinq millions de morts en Europe et autant en Asie, par la guerre de Cent ans, et par l'Inquisition qui fut une résistance au changement par la terreur.

Ce changement devait pourtant s'établir de manière inéluctable, car il obéissait à une nouvelle logique qui commençait à s'emparer des esprits et qui se manifesta au grand jour pendant la Renaissance. Cette logique, non encore formalisée à l'époque mais déjà bien vivante, mettait en avant la nécessité de critiquer les dogmes et les idées reçues, et de les remplacer par des idées neuves relevant de l'expérience individuelle. Le monde restait en effet à découvrir, la science attendait aussi ses pionniers, les arts ne demandaient qu'à s'ouvrir à de nouvelles formes de créations, pourvu que l'homme veuille bien s'émanciper de l'ordre ancien et conquérir sa liberté. *"Ce fut le plus grand bouleversement que l'humanité eût jamais connu, une époque de géants qui engendra des géants"*, a écrit Friedrich Engels au début de son ouvrage sur la *"Dialectique de la Nature"* (12).

Le véritable essor des sciences date effectivement de la Renaissance, ce qui devait se traduire par le développement des technologies qui libéra le travail humain et ouvrit progressivement une ère de production, et donc de consommation, car ce qui est produit doit être consommé. Or, à partir du moment où l'être humain devient un consommateur, il est une personne qui doit être respectée. Cela constitua un complet basculement des valeurs, car quelques individualités d'exception, les découvreurs et les pionniers, furent à l'origine du changement des mentalités. Mais c'est

(12) F. Engels : "DIALECTIQUE DE LA NATURE", Éditions Sociales, 1975.

l'INDIVIDU en général qui devait en bénéficier, la Déclaration des Droits en Angleterre (1689), la Déclaration d'Indépendance américaine (1776), et la Déclaration des Droits de l'Homme et du Citoyen de la Révolution Française de 1789 lui donnant de plus en plus de droits, jusqu'à la Déclaration universelle des Droits de l'Homme de 1948 qui affirme la liberté et l'égalité de tous les êtres humains.

Cette "égalité" n'est encore que théorique dans de nombreux pays, et ce sont les sociétés démocratiques et libérales [(13)] qui l'inscrivent le mieux dans les faits à travers le bulletin de vote qui met sur le même plan l'homme et la femme, le riche et le pauvre, le savant et l'illettré, lorsque les élections ne sont pas truquées ; mais elle est importante comme point de départ, car il faut une certaine égalité des chances pour accepter le jeu de la COMPÉTITION généralisée que la nouvelle logique a instaurée, dans une économie de libre échange.

Cette logique a été codifiée par Hegel sous le nom de **DIALECTIQUE**, et formalisée à l'aide de lois, comme la *loi de la lutte des opposés*, qui expliquent et justifient le changement par l'action transformatrice de l'homme sur le monde, cet homme qui, mû par les mécanismes du désir et par le besoin d'être reconnu, manifeste ainsi sa liberté [(14)]. Lorsque la logique dialectique a commencé à fonctionner

(13) Un tableau statistique des démocraties libérales dans le monde a établi que celles-ci ont progressé de la façon suivante : 1790 : *3* - 1848 : *6* - 1900 : *14* - 1960 : *35* - 1990 : *61* (Francis Fukuyama : "LA FIN DE L'HISTOIRE ET LE DERNIER HOMME", Flammarion, 1992).

(14) *"Hegel voyait le progrès dans l'histoire naissant non pas du développement constant de la raison, mais du jeu aveugle des passions (...). L'histoire avance par un continuel processus de conflits, dans le cadre desquels les systèmes de pensées aussi bien que les systèmes politiques se heurtent et s'effondrent par le jeu de leurs propres contradictions internes. Ils sont alors remplacés par des systèmes moins contradictoires, donc plus évolués, qui donnent naissance à des contradictions nouvelles et différentes selon le processus de la célèbre « dialectique »."* (Francis Fukuyama : "LA FIN DE L'HISTOIRE ET LE DERNIER HOMME", opus cité).

dans la société, elle a permis aux individus de s'affirmer contre un ordre qui les écrasait, en entrant en compétition les uns avec les autres ; c'est donc sur le plan économique que la "lutte des opposés" s'est portée, lutte qui ressemble à une compétition sportive dans laquelle ce sont en principe les "meilleurs" qui doivent gagner. Cette compétition peut paraître assez saine dans le mesure où les compétiteurs, glorifiés par les médias qui mettent en scène leurs conflits, y trouvent souvent leur compte en s'enrichissant et en progressant dans le développement de leurs capacités créatives ; mais avec le temps, la concurrence devient impitoyable, et le renforcement des uns se traduit par l'affaiblissement des autres, tandis que le système économique implique une exploitation forcenée des richesses naturelles de l'environnement (qui ne sont pas illimitées).

C'est pourquoi la dialectique conçue au départ pour faciliter le progrès humain en général et la liberté individuelle en particulier en tenant compte du mouvement et du changement ignorés par la logique formelle, a été la logique qui a favorisé le développement des valeurs matérialistes, mais a entraîné en même temps un appauvrissement moral et spirituel fondé sur la toute puissance de certaines individualités, à qui le système capitaliste permet d'amasser d'énormes profits, et qui deviennent plus importantes que le groupe, ce qui déséquilibre peu à peu le système social tout entier par ses conséquences sur le marché du travail et sur celui des capitaux (automatisation de la production, politique des salaires, grèves et revendications sociales, dévaluations, spéculations sur la monnaie, etc.). On retrouve bien ici les attitudes égocentriques qui caractérisent le niveau de l'ego individualiste que la publicité, le cinéma et la télévision ne cessent de magnifier.

Les mots-clés de la dialectique sont **"doute"**, **"esprit critique"**, **"expérience"**, **"liberté"**, **"contradiction"**, **"antagonisme"**, **"conflit"**, **"polémique"**, **"pouvoir"**, **"compétition"**, **"manipulation"**, **"rapport de forces"**,

"volonté de puissance", etc. C'est une logique favorable au vedettariat, dans laquelle les gagnants sont valorisés, et les perdants rejetés sans tenir compte des valeurs respectives des projets, idéaux et morales qui sont véritablement en jeu.

Dans le chapitre I, nous avons déjà évoqué la crise devant laquelle nous nous trouvons actuellement. Mais nous n'avons pas dit que c'est la crise la plus grave que l'humanité ait rencontrée au cours de son histoire, et qu'il n'est pas certain du tout qu'elle va être capable de la surmonter. Cette crise correspond en effet au passage de la dialectique, qui est la logique de l'adolescence, à la **TRIALECTIQUE**, la logique de la maturité. Pour donner une image, la logique formelle est la logique de l'enfance qui pose les fondements de la raison humaine et qui fonctionne dans ce que nous avons appelé le plan horizontal, alors que la trialectique est la logique qui s'applique à l'ensemble que constituent le plan horizontal et le plan vertical, et qui rend compte aussi du processus temporel qui permet de parcourir l'échelle verticale des niveaux de conscience... si ce parcours a lieu, ce qui ne dépend de rien d'autre que de la volonté humaine. Car si l'être humain ne veut pas évoluer, personne ne pourra le forcer ni le faire à sa place, son processus d'évolution relevant de sa propre responsabilité.

Oscar Ichazo, le concepteur de la trialectique, travaille depuis de nombreuses années sur un modèle des niveaux de conscience plus complexe que le nôtre car il comporte dix-huit niveaux, et non pas quatre, modèle auquel s'ajoute une échelle de niveaux psychotiques dans lesquels l'être humain peut sombrer lorsqu'il est complètement coupé de la réalité. Or, la dialectique qui est assez bien intégrée dans les sociétés occidentales, qui sont des démocraties libérales, n'est qu'une logique de transition entre la logique formelle d'Aristote et la trialectique d'Ichazo, mais elle ne peut conduire qu'à une impasse tant qu'on la considère comme un aboutissement de la raison humaine [15]. Et la trialectique, avec sa *loi de mutation*, sa *loi de polarité*, et sa *loi d'attraction,* montre que si l'on peut monter dans l'échelle des niveaux de conscience, on peut aussi la descendre et s'engloutir dans les niveaux psychotiques d'où il sera très difficile de sortir si cet engloutissement devient un choix de société [16].

Lorsque des individus individualisés fonctionnent selon la logique trialectique, ils sont mus par le désir de développer l'ensemble des potentialités humaines sur les plans physique, émotionnel, intellectuel, et spirituel, et pas seulement celles qui dépendent d'un confort matériel personnel. Leur culture étant fondée sur l'harmonisation de forces apparemment opposées mais en réalité complémentaires pour atteindre le niveau transpersonnel, les logiques antérieures ne sont pas rejetées mais intégrées dans le processus puisqu'elles sont considérées comme des étapes par lesquel-

---

(15) Il est significatif que l'ouvrage de F. Fukuyama cité dans les deux notes précédentes, ouvrage qui a fait grand bruit lors de sa parution comme si l'évolution humaine était effectivement terminée, ait été écrit par un conseiller au Département d'État américain qui suggérait que *"la démocratie libérale pourrait constituer la forme finale de tout gouvernement humain",* puisque toutes les formes d'idéologies rivales, le communisme en particulier, étaient en train de s'effondrer.

(16) Il est possible de voir, dans nos sociétés contemporaines, des marques significatives de maladies, voire de dégénérescences, extrêmement dangereuses pour l'avenir de notre espèce. Ce ne sont pas les phénomènes d'exploitation de l'homme par l'homme ni même les systèmes de détournement des richesses collectives au profit de groupes maffieux qui ont toujours existé parce qu'ils font partie du comportement égotique habituel. Ce sont les manifestations pathologiques des *serial killers* et des tireurs fous qui deviennent de plus en plus nombreuses dans un monde déboussolé, mais surtout les atteintes qui sont portées à l'enfance et à la jeunesse, en particulier à travers la drogue et le sexe (viols et meurtres d'enfants), ce qui a pour corollaire que des jeunes deviennent eux-mêmes des tueurs ou des terroristes déments capables d'égorger n'importe qui, y compris les membres de leur propre famille, parce que la seule éducation qu'ils reçoivent est celle de la rue ou du quartier.

Lois	LOGIQUE FORMELLE	DIALECTIQUE	TRIALECTIQUE
1	**Loi d'identité**	**Loi du passage de la quantité à la qualité**	**Loi de la mutation**
2	**Loi de contradiction**	**Loi des opposés**	**Loi de circulation**
3	**Loi du tiers exclu**	**Loi de la négation de la négation**	**Loi d'attraction**
	Logique de l'espace	Logique du temps	Logique des processus
	LOGIQUE DE L'ENFANCE	LOGIQUE DE L'ADOLESCENCE	LOGIQUE DE LA MATURITÉ
	Logique des sociétés agricoles (Moyen-Âge)	Logique de la révolution industrielle	Logique de la société post-industrielle
	Logique du langage didactique	Logique de la critique et de la polémique	Logique de l'humour et du paradoxe
	Logique d'étiquetage et d'analyse	Logique de la thèse/ antithèse/synthèse	Logique des modèles holistiques
	Logique de stabilité	Logique de conquête	Logique de l'unité
	Logique de la dualité	Logique de la lutte des opposés	Logique de la complémentarité
	Logique de la guerre militaire	Logique de la guerre économique	Logique de l'écologie
	Logique du Droit et du contrat social	Logique de la conquête des libertés	Logique de l'alliance avec la Nature
	Logique du groupe (niveau socioculturel)	Logique de l'individu (niveau de l'ego individualiste)	Logique de l'équipe (niveau de l'individu individualisé)
	Logique de l'immobilisme économique	Logique de la compétition économique	Logique de l'interaction solidaire
	Logique du corps (habitudes)	Logique des émotions (désirs)	Logique de l'unité du corps et du psychisme
	Logique de L'APPRENANT MALGRÉ-LUI	Logique de L'APPRENANT MODULAIRE	Logique de L'APPRENANT INTÉGRÉ

(tableau extrait de l'ouvrage : *"Éducation pour le 3e Millénaire"* par Olivier Clouzot – Éditions Holistiques, 1999)

Tableau (4) comparatif des trois logiques

les il est nécessaire de passer dans l'évolution individuelle et collective : on élimine ainsi toute forme d'intolérance vis-à-vis de ce qui est étranger ou différent, et l'interaction coopérative remplace la compétition.

Cela n'existe pas encore de manière organisée dans la société, mais ceux qui ont atteint le niveau de l'individu individualisé travaillent ensemble dans l'humanité et fonctionnent sous la forme d'ÉQUIPES ou de RÉSEAUX transnationaux. Leur but étant **l'accomplissement des potentialités humaines les plus élevées**, ils ne peuvent pas se contenter des seules expériences spécifiques du niveau socioculturel ni de celui de l'ego individualiste, qui ne sont que des niveaux de transition vers le niveau transpersonnel ; mais leur travail les conduit aussi à respecter la nature et toutes les formes de vie animale qui sont les bases sur lesquelles repose notre propre survie en tant qu'espèce dépendante des conditions de salubrité de notre planète.

Les mots-clés de la trialectique sont **"interaction", "coopération", "égalité", "équilibre", "complémentarité", "solidarité", "vérité", "honnêteté", "tolérance", "unité d'un processus", "totalité des éléments d'un système", "responsabilité", "conscience"...**

c) Mutation ascendante ou descendante

À chaque instant, les trois logiques cohabitent donc nécessairement, comme cohabitent toujours socialement enfants, adolescents, et adultes – avec la différence, pour rester cohérent avec l'image que nous proposons, que nous vivons dans un monde où, logiquement parlant, il y aurait très peu d'adultes, beaucoup d'adolescents, et une majorité d'enfants : on peut imaginer que la viabilité d'un tel groupe humain serait loin d'être assurée. Le modèle des trois logiques permet en effet de reconnaître que dominent encore dans les sociétés humaines les pays autocratiques régis par la logique formelle, mais avec une forte poussée des démocraties libérales régies par la dialectique ; par contre, puisque la trialectique correspond au niveau de l'individu individualisé et au niveau transpersonnel, il est évident qu'il n'existe aucun pays régi par la trialectique, et qu'il ne peut pas y en avoir dans la mesure où cette logique montre que l'unification des peuples est préférable à leur division – plus exactement, elle indique qu'il y a un chemin conduisant vers l'unité, un autre vers la division (*loi trialectique d'attraction ascendante ou descendante*), et ce sont les praticiens de cette logique qui décident de travailler dans un sens plutôt que dans l'autre.

Sur un plan collectif, nous nous trouvons donc à un point particulier de l'histoire humaine où un changement de logique se prépare, comme ce fut le cas à la fin du Moyen-Âge auquel des penseurs contemporains comparent l'époque actuelle [(17)], mais il n'est pas certain que la mutation attendue se réalise, et au lieu d'avoir une évolution, c'est une régression qui pourrait se produire. Une démocratie peut en effet être renversée par une dictature, et une compétition économique se transformer en guerre militaire, comme cela s'est déjà passé au vingtième siècle avec deux guerres mondiales dévastatrices.

On a dit que l'arme nucléaire était une arme de dissuasion qui allait empêcher les guerres, mais avec sa prolifération dans notre monde moderne, nous ne sommes pas à l'abri d'un “Docteur Folamour”, et l'on tient avec les armes chimiques et bactériologiques, qui ont déjà commencé à servir, des moyens de destruction massive tout aussi dangereux. Mais si des solutions aussi extrêmes peuvent être évitées, il n'est pas certain que l'exploitation forcenée des ressources de la planète, les dégradations de l'environnement et les pollutions, la compétition économique et les violences socia-

---

(17) Voir Alain Minc : “LE NOUVEAU MOYEN-ÂGE” (Gallimard, 1993).

les qui en résultent, n'arriveront pas un jour à fragiliser notre espèce et à la pousser vers des limites dangereuses pour sa survie [18].

Sur le plan individuel, nous avons dit que le changement radical d'attitudes et de comportements impliqué dans le passage du niveau 2 au niveau 3 constitue un barrage que beaucoup de gens ne sont pas encore en mesure de franchir, ce qui peut entraîner toutes sortes de dégradations physiques et psychiques qui renforcent les dangers de la crise séparant le niveau de l'ego individualiste et celui de l'individu individualisé. **C'est pourtant seulement s'il y a un nombre suffisant d'individus travaillant dans la verticalité afin d'effectuer cette mutation qu'un changement bénéfique à la culture de la planète pourra se réaliser.**

(18) *"La pensée dialectique a rendu possible la Révolution Industrielle – et c'est très bien ainsi. Mais il est temps de changer cela maintenant, parce que la compétition et l'opposition, qui étaient autrefois absolument nécessaires pour réaliser cette révolution, sont désormais complètement inutiles. Nous ne pouvons plus continuer à vivre dans cette compétition effrénée qui caractérise notre monde moderne. Le territoire de notre planète est bien connu maintenant. Dans tous les domaines, tous les experts disent exactement la même chose : notre planète est limitée, et ses ressources le sont aussi. Notre tâche actuelle n'est plus de conquérir tout cela, mais de le gérer convenablement. Si ce ne sont pas les radiations qui vont nous tuer, c'est la mauvaise exploitation des ressources qui le fera !"* (Oscar Ichazo : "LE DÉFI DU CHANGEMENT", interview par Alfie Fox. Études Holistiques, 1996).

Chapitre IV.

LE TRAVAIL DANS LA VERTICALITÉ

1. Thérapies, développement personnel et niveaux de conscience

L'évolution à travers les niveaux de conscience ne consiste pas à monter ou à descendre les barreaux d'une échelle, mais à intégrer petit à petit dans notre expérience les points de vue de plus en plus inclusifs que chacun de ces niveaux représente : au fur et à mesure que ce travail d'intégration se produit, les niveaux précédents ne sont pas niés (comme le voudrait une vision dialectique du monde) mais relativisés. On apprend donc à mettre à leur juste place chacun des types d'expérience spécifiques de ces niveaux, sans amoindrir ou dévaloriser les autres : c'est ainsi que des personnes ayant intégré des degrés élevés des niveaux 3 et 4 peuvent fonctionner dans les niveaux 1 et 2 sans en être prisonnières, alors que l'inverse est totalement impossible.

Toute aide pouvant faciliter cette intégration est toujours la bienvenue pour les apprenants engagés dans ce processus d'exploration de la dimension verticale, mais il est essentiel de comprendre que cette aide ne peut pas être de même nature selon qu'ils doivent surmonter la première, la deuxième, ou la troisième des crises qui jalonnent leur parcours. Or, depuis quelques décennies, la multiplication des techniques de développement personnel a laissé croire qu'il suffisait d'utiliser ces techniques pour permettre à l'être humain de développer jusqu'au bout l'ensemble de ses potentialités. En réalité, **la plupart de ces techniques de développement personnel ne sont que des moyens de développer la personnalité**, donc de passer seulement du premier niveau de conscience au second.

Il existe aussi, dans un registre différent, d'autres formes de travail sur soi qui permettent de passer au troisième, puis au quatrième niveau.

À l'origine des moyens mis en œuvre qui jalonnent l'ensemble du processus humain décrit dans ce livre, quatre grands chercheurs occidentaux sont à signaler : Sigmund Freud, Wilhelm Reich, Carl-Gustav Jung, qui ont créé trois courants psychanalytiques distincts dont notre culture méconnaît encore la complémentarité – et Oscar Ichazo, le fondateur de l'École Arica.

2. Le développement personnel face à la "première crise"

Il est bien connu que c'est avec Freud (1856-1939), le découvreur de l'inconscient, et la naissance de la psychanalyse que l'on a pris conscience qu'il existait chez l'être humain une autocensure des pulsions et des désirs qui n'étaient pas acceptés par la morale familiale et sociale : c'est le mécanisme de refoulement de la "libido", définie comme la recherche instinctive du plaisir, en particulier du plaisir sexuel. Or, ce qui est refoulé réapparaît sous des formes détournées, comme les phobies, les actes manqués, et à travers différentes manifestations dites "névrotiques", telles que le complexe d'infériorité, la culpabilité, etc. L'analyse psychanalytique a été l'une des premières formes de thérapie permettant de soigner les névroses en rendant le sujet conscient de ses conflits avec son environnement immédiat, en particulier ses parents. Dans le système freudien, le "MOI" (ou ego) est une instance psychique qui doit affronter la réalité tout en étant coincée entre les deux instances du "ÇA" d'une part, fait de pulsions innées et de désirs refoulés, et du "SURMOI" d'autre part, constitué des morales et des interdits familiaux et sociaux.

Disciple dissident de Freud, Wilhelm Reich (1897-1957) dénonça avec vigueur le rôle conservateur de la famille coercitive et de la répression de la sexualité infantile et juvénile, mais il mit aussi l'accent sur la dimension énergétique des phénomènes psychiques, en démontrant que la répression des émotions et des pulsions se traduisait par une double rigidité, celle du caractère (cuirasse caractérielle) et celle de l'organisme physique (cuirasse musculaire). Ainsi la psychanalyse reichienne, appelée " végétothérapie" et mettant en jeu un travail psychologique doublé d'un travail corporel [(1)], allait ouvrir la voie à de nouvelles formes thérapeutiques où le travail sur l'énergie psychocorporelle prenait une nouvelle dimension lorsqu'on l'effectuait en groupe : c'est ce que l'on a appelé les "NOUVELLES THÉRAPIES DE GROUPE" [(2)], qui portaient en réalité beaucoup plus sur le libre développement des personnes que sur le besoin de les "soigner".

---

(1) *"Il est frappant de noter comment la dissolution d'une rigidité musculaire non seulement libère l'énergie végétative, mais aussi ramène à la mémoire la situation infantile même où le refoulement a eu lieu. Nous pouvons dire : toute rigidité musculaire contient l'histoire et la signification de son origine"* (Wilhelm Reich : "LA FONCTION DE L'ORGASME", Arche, 1952).

(2) Voir en particulier "LES NOUVEAUX GROUPES DE THÉRAPIE", de H. M. Ruithenbeek (Épi, 1973), et "LE GUIDE PRATIQUE DES NOUVELLES THÉRAPIES", par Edmond Marc (Retz, 1981).

Nées aux États-Unis au cours des années 50-60, ces nouvelles formes de thérapie ont eu pour but, dès leur origine, selon l'expression d'Alan Watts, *"d'aider l'individu à se libérer lui-même des diverses formes de conditionnement social, et par conséquent aussi de la haine de ce conditionnement – celle-ci étant une forme d'asservissement à l'objet haï"* (3), ce qui décrit parfaitement une forme d'aide permettant à la personne de passer du niveau 1 au niveau 2, en commençant à s'affirmer comme un "apprenant" plutôt que comme un "patient". Parallèlement, des psychologues, des sociologues et des psychiatres comme Carl Rogers (4) et Kurt Lewin (5) aux États-Unis, Ronald Laing (6) en Angleterre, et Roberto Assagioli (7) en Italie, mettaient l'accent sur la **nécessité qu'a l'individu de s'identifier à son expérience personnelle plutôt qu'aux représentations sociales et aux normes de la communication socioculturelle qui l'aliènent**, c'est-à-dire qui le coupent de ce qu'il est réellement.

---

(3) Alan W. Watts : "PSYCHOTHÉRAPIE ORIENTALE ET OCCIDENTALE" (Fayard, 1974).

(4) Carl Rogers (né en 1902), psychologue américain, qui a appuyé ses recherches psychothérapeutiques et pédagogiques sur le principe selon lequel tout individu possède une capacité à l'autodéveloppement consistant à *"intégrer dans sa conscience ce qu'il est dans ses expériences"*. C'est lui qui a donné ses lettres de noblesse à l'apprentissage. L'un de ses livres les plus importants est "LIBERTÉ POUR APPRENDRE" (Bordas-Dunod, 1976).

(5) Ronald Laing (né en 1927), médecin-psychiatre anglais, fondateur du mouvement de "l'antipsychiatrie" selon lequel le thérapeute doit essayer de s'ouvrir à l'expérience du patient plutôt que de plaquer sur elle ses modèles psychiatriques ou psychanalytiques.

(6) Kurt Lewin (1890-1947), psychologue expérimental allemand émigré aux États-Unis, qui a établi les fondements de la "dynamique de groupe" et institué la formule du *Training-Group*, qui est un groupe centré sur lui-même et sur son fonctionnement.

(7) Roberto Assagioli (1888-1974), psychiatre et psychothérapeute italien, est le créateur de la Psychosynthèse, qui se situe dans le courant de la psychologie existentielle en visant un développement harmonieux et intégré de la personnalité dans ses différentes dimensions conscientes et inconscientes.

Toutes ces disciplines ont rendu un immense service au développement de la conscience et ont ouvert une voie importante dans le travail vertical qui devient essentiellement, à partir des années 70, un "TRAVAIL SUR SOI" auquel n'importe qui peut se livrer. Ce travail est toujours possible dans notre société actuelle, même si certaines techniques de développement personnel ont changé, et il existe de très nombreux centres [(8)] qui, toute l'année ou pendant les vacances, proposent un choix de cours, de séminaires et d'ateliers extrêmement variés.

On peut rapprocher des techniques de développement personnel les sports que pratiquent de nombreux jeunes et adultes, en particulier les sports à hauts risques (courses automobiles ou à moto, VTT, canyoning, parachutisme, deltaplane, ski, voile, etc.) qui exigent une grande attention. Ce qui est consciemment recherché par les adeptes de ces pratiques est une certaine qualité de *"sensation"* grâce à laquelle ils se sentent exister, et le danger devient alors pour eux un facteur supplémentaire de jouissance qui s'ajoute à l'exaltation de la performance accomplie – expériences caractéristiques du niveau de l'ego individualiste. Mais la qualité et la haute technicité des animateurs qui encadrent ces activités les rendent souvent comparables à des thérapeutes chargés de guider leurs patients dans les meilleures conditions de sécurité.

---

(8) Certains centres de développement personnel fonctionnant dans notre pays, et pas nécessairement les plus mauvais, sont victimes de la vision réductrice que l'on a signalée dans le chapitre II. Ainsi des organes de presse, ou même des livres à succès, deviennent parfois les porte-parole de la "pensée hémiplégique" et de la "vision borgne" que nous avons dénoncée – c'est le cas en particulier d'un ouvrage paru en 1998, *"Les particules élémentaires"*, de Michel Houellebecq, livre qui, malgré d'indéniables qualités littéraires, assimile les animateurs et les clients de ces centres à des obsédés sexuels. Tout autre personne ayant travaillé un minimum sur elle-même comprendra aisément que l'auteur ne parle en fait que de lui. Il faut cependant savoir que l'*obsession sexuelle* est une libération du *refoulement sexuel*, et que lorsque cette obsession se libère elle aussi, cela débouche sur la *plénitude de l'épanouissement sexuel*.

3. Le développement personnel face à la "deuxième crise"

Lorsqu'un individu qui est engagé dans le travail vertical sent approcher ce que nous avons appelé la deuxième crise, il n'est généralement pas capable de faire la différence avec ce que cette dernière a de spécifique par rapport aux épreuves précédentes qu'il a traversées lorsqu'il avait besoin de passer du niveau socioculturel au niveau de l'ego individualiste. Il a donc tendance à rechercher des aides semblables à celles auxquelles il avait précédemment eu recours, en particulier à reprendre une thérapie individuelle ou une thérapie de groupe. Mais il n'aura pas du tout les mêmes résultats selon que son thérapeute aura ou non fait le travail correspondant à l'expérience du niveau de l'individu individualisé.

Un psychologue américain [9] qui avait, au cours des années 1970, suivi un processus analogue à celui de Matthieu Ricard cité précédemment, avait dit : Si vous suivez une thérapie avec Freud, vous serez "freudianisé", si vous suivez une thérapie avec Jung, vous serez "jungianisé", tandis que si vous suivez une thérapie avec Bouddha, vous serez illuminé au cours du processus. Autrement dit, **un thérapeute, comme un maître spirituel, est un guide qui ne peut vous conduire que dans les zones de l'être qu'il a lui-même explorées**. Or, de nombreux thérapeutes occidentaux, même parmi les chercheurs les plus brillants, ne sont pas allés eux-mêmes au-delà du niveau de l'ego individualiste ; ils se conduisent comme des super-thérapeutes, avec des

---

(9) Il s'agit du Dr Richard Alpert, psychologue américain, qui a étudié avec Timothy Leary les états altérés de conscience sous l'effet des drogues hallucinogènes, puis qui a été initié en Inde au Raja-Yoga, et est devenu un "maître spirituel" lui-même, sous le nom de Baba Ram Dass. Voir son processus initiatique dans son ouvrage "REMEMBER ICI & MAINTENANT" (Éditions Robert Dumas, 1976).

moments d'intuition géniale, mais ils restent identifiés à leur toute puissance et enfermés dans leur orgueil, et les méthodes qu'ils ont créées, les élèves qu'ils ont formés, ne sont généralement pas capables de faire mieux qu'eux, tant qu'il n'y a pas eu de croisements avec des courants thérapeutiques ou spirituels plus avancés.

Cela ne veut pas dire que leur travail est inutile, car il permet aux apprenants travaillant avec eux d'harmoniser leurs expériences des deux premiers niveaux, ce qui peut les aider à guérir lorsqu'ils sont malades, et favoriser leur insertion et leur réussite sociale ou professionnelle, mais il ne les aide pas à progresser consciemment vers le troisième niveau, qui est avant tout un niveau de dépouillement.

Un exemple caractéristique de ce type de détournement d'énergie ascendante vers une énergie de stabilisation permettant d'harmoniser le niveau socioculturel et celui de l'ego individualiste, concerne ce qui s'est passé avec la figure de l'Ennéagramme, au début des années 1990. Cette figure utilisée dans l'École Arica pour représenter neuf types d'ego analysés par Oscar Ichazo (sous le nom de *fixations*) pour faciliter leur réduction sur le chemin vers la réalisation de soi, a été utilisé par différents courants psychologiques et religieux américains, puis européens, pour classer des types de personnalité dans le but de faire un travail de rééquilibrage de leurs composantes "positives" et "négatives" sans avoir à remettre fondamentalement en cause leur structure égotique [(10)], mais en tenant compte surtout de ce que la société est capable ou non d'accepter. Cela a eu un certain retentissement dans la culture, mais n'a pas eu d'effet notable sur l'évolution individuelle et collective dans le monde d'aujourd'hui.

---

(10) Voir Olivier Clouzot : "Lettre ouverte à Jacques Donnars : LA LUTTE DE L'ENNÉAGRAMME CONTRE L'ENNÉAGONE – analyse d'un processus de détournement de propriété intellectuelle" (Études Holistiques, 1995). Voir aussi Michel Savage : "AUX SOURCES DE L'ENNÉAGRAMME" (Éditions Holistiques, 1998).

4. Le travail spécifique pour surmonter la "deuxième crise"

Nous avons vu que la deuxième crise est la plus dure parce qu'elle implique une inversion totale consistant à passer de l'expansion de l'ego à sa réduction, et que l'ego résiste vigoureusement en se durcissant, ce qui suscite une plus grande **vulnérabilité au stress et à la maladie**. Certaines personnes qui font l'expérience de la crise permettant de passer du niveau de l'ego individualiste à celui de l'individu individualisé tombent effectivement dans la dépression ou la maladie et cherchent alors à fuir cette situation au lieu d'essayer de comprendre ce qu'elle signifie dans leur processus ; elles peuvent faire appel à la médecine conventionnelle qui vise la suppression des symptômes sans s'attaquer à leurs causes psychiques (11), et se trouvent très satisfaites lorsque le mal est ainsi arrêté [pour un temps] – comme l'est d'ailleurs aussi leur évolution tant qu'elles restent passives envers la maladie dont elles seraient les malheureuses victimes, et elles stagnent ou redescendent dans l'échelle des niveaux au lieu de monter.

D'autres personnes ont besoin de faire l'expérience d'un accident ou de la maladie pour prendre conscience qu'il y a en elles quelque chose qui ne va pas, ce qui les place en face de leurs rigidités et de leurs contradictions. Elles peuvent alors faire appel à la psychologie jungienne.

Carl-Gustav Jung, médecin psychiatre et psychanalyste que nous avons déjà cité à propos de l'intégration des idées spirituelles de l'Occident et de l'Orient, a placé à côté d'une

---

(11) *"La tendance à la maladie est le résultat d'une somme de discordances non portées à la conscience ; ce n'est pas un état stable. Compensé à 'moitié', il évolue aussi vers une désorganisation croissante si on ne fait que s'adresser aux symptômes avec des remèdes qui ne sollicitent pas la conscience ! A fortiori s'ils la diminuent !!!"* (Docteur Guy Londechamp : "L'HOMME VIBRATOIRE", Éditions Amrita, 1993).

"PETITE PSYCHOTHÉRAPIE", occupée à soigner les symptômes des dérèglements de la psyché, une "GRANDE PSYCHOTHÉRAPIE" dont le but est **d'aider à la transformation de la personnalité en permettant au sujet de cheminer vers le centre de son être intérieur** [(12)].

Le système d'*individuation* que Jung a posé décrit, dans un langage qui lui est propre, les trois premiers niveaux du processus d'individualisation qui sont présentés ici : il y a d'abord la nécessaire désidentification du sujet à la *persona*, qui est le masque social qu'il s'est donné, afin de se forger un moi, une personnalité solide, puis il y a à travers le décryptage des rêves et des événements troublants et obscurs de la vie une rencontre avec le *"SOI"*, défini à la fois comme *"le centre et la circonférence complète qui embrasse à la fois conscient et inconscient"*, et comme *"le but de la vie"* [(13)] au service duquel le moi doit se placer. Jung, en tant que chercheur en psychologie, s'est interdit de définir le Soi en termes métaphysiques, donc de développer ce dont nous parlons à propos du quatrième niveau, le niveau transpersonnel ; mais comparant les symboles du Soi et ceux qui expriment la divinité dans les mythes et les religions, il conclut que le Soi est *"identique à l'image de Dieu dans l'âme"* [(14)]. Le processus qu'il décrit est donc bien composé de deux phases opposées, l'expansion de l'ego dans un premier temps, puis son effacement, et le type de psychothérapie qu'il préconise consiste à opérer une "HARMONISATION DES CONTRAIRES" – ce qui est une première approche de la logique trialectique évoquée précédemment pour le niveau de l'individu individualisé.

---

(12) C'est de cette vision jungienne de la "grande thérapie" que le maître spirituel Graf Dürckheim s'est inspiré. Voir Jean-Yves Leloup : "L'ABSURDE ET LA GRÂCE" (Albin Michel, 1991).

(13) C. G. Jung : "DIALECTIQUE DU MOI ET DE L'INCONSCIENT" (Gallimard, 1964).

(14) Etienne Perrot : "JUNG" - article publié dans l'Encyclopaedia Universalis, Volume IX, 1968.

Dans cette perspective, tout travail effectué sur ce que Jung appelle l'*ombre*, c'est-à-dire sur ce qui *"personnifie tout ce que le sujet refuse de reconnaître ou d'admettre et qui, pourtant, s'impose toujours à lui, directement ou indirectement"* (15), va aider à traverser la deuxième crise et à entrer consciemment dans le troisième niveau. C'est le fait d'arriver à rendre compte des difficultés et négativités éprouvées au cours de la vie (deuils, douleurs, épreuves, échecs, peurs, accidents, maladies, traumatismes physiques et affectifs qui ont été subis, etc.) qui permet de les relativiser et de les vider de leur contenu égotique inconscient ; car on apprend ainsi à se détacher des éléments de la vie dont on a le plus peur, et qui collent à notre existence, précisément parce qu'on en a peur.

Ce travail d'expression peut se faire en face d'un thérapeute, mais il faut savoir qu'il se fait aussi dans d'autres situations où l'on a la possibilité de s'exprimer librement en face de personnes qui se trouvent dans une attitude d'écoute empathique, neutre et sans jugement ; cela existe parfois dans des couples qui se sont fondés sur le désir d'évoluer ensemble en travaillant sur la relation, mais c'est souvent plus facile dans une relation d'amitié, et plus fréquent dans un groupe d'apprentissage où les participants ont été préparés à effectuer ce type d'écoute. En l'absence de personnes avec lesquelles on peut ainsi s'exprimer dans ce que l'on a de plus intime, ce travail peut se faire également par écrit (16).

On sait que L'EXPRESSION DE SOI est importante pour la santé physique et psychique, à quelque niveau de conscience que ce soit. De nombreux thérapeutes ont prouvé que les accidents et les maladies traduisent à leur manière des problèmes que l'on n'a pas su exprimer verbalement lors-

---

(15) C. G. Jung : "LA GUÉRISON PSYCHOLOGIQUE" (Buchet Chastel, 1963).

(16) Voir Olivier Clouzot : "CONNAIS-TOI TOI-MÊME - Questionnaire holistique d'auto-évaluation et de clarification de soi" (Éditions Holistiques, 1999).

qu'il était temps de le faire, et c'est ainsi que les "mots" non dits se sont transformés en "maux", selon la formule bien connue [(17)].

Mais au niveau de l'individu individualisé, l'expression nécessaire au "travail sur l'ombre" commence à toucher les zones les plus douloureuses de la psyché, celles dans lesquelles il existe des blessures de la petite enfance extrêmement sensibles dès qu'on les met à vif en écartant les voiles qui les dissimulaient. C'est pourquoi ce travail est très difficile, mais il porte beaucoup de fruits dès qu'on l'effectue car, grâce à lui, l'identification fusionnelle à l'ego s'atténue, ce qui implique la capacité de se distancier progressivement des processus égotiques habituels et de les observer comme s'ils appartenaient à quelqu'un d'autre. Cette distanciation se produit d'abord à propos d'événements douloureux du passé dont on arrive à se détacher en en parlant d'une certaine façon, mais elle peut ensuite s'effectuer dans le présent au fur et à mesure que se développent nos facultés d'AUTO-OBSERVATION.

Les formes les plus classiques de l'auto-observation ont été réalisées, pendant des siècles dans des monastères, notamment bouddhistes et chrétiens, et dans des écoles soufies, grâce à des moyens ascétiques consistant à discipliner le mental, à priver les émotions de leurs sources habituelles de satisfaction, tout en imposant au corps de longs moments d'immobilité favorisant l'observation des réactions physiques et psychiques aux différentes contraintes et austérités qui étaient ainsi imposées. Mais il n'existait pas de critères sûrs

---

(17) *"L'inconscient s'exprime dans les rêves, les délires parfois. Mais surtout, il est en fait à l'origine de nos maux physiques. Les maladies sont le langage du corps, qui exprime l'inconscient. Les mots qui n'ont pas été dits se transforment en maux physiques. Au lieu du « mot dit », on devient « maudit », et pour plusieurs générations parfois."* (Dr Didier Grandgeorge : "L'ESPRIT DU REMÈDE HOMÉOPATHIQUE : ce que le mal a dit", Édicom, 1992) .

permettant de décrire les composantes de l'ego, donc de l'observer de manière objective dans son comportement quotidien. C'est sur l'élaboration de tels critères qu'Oscar Ichazo a fondé la méthodologie de son École Arica. Lorsqu'il a défini les *trois Instincts*, conservation, relation, adaptation [18], Ichazo a montré que :

• le dysfonctionnement de l'instinct de conservation produit "l'EGO HISTORIQUE" (la mémoire du corps encombrée de toutes les épreuves physiques qu'il a subies),

• le dysfonctionnement de l'instinct de relation produit "l'EGO-IMAGE" (les images de soi que l'on projette vers les autres et auxquelles on essaie ensuite de ressembler),

• et le dysfonctionnement de l'instinct d'adaptation produit "l'EGO PRATIQUE" (si obsédé par l'action sur le monde extérieur que celle-ci se transforme en activisme permanent).

À ces trois instincts s'ajoutent les *quatre fonctions* qui ont leurs propres perturbations :

• le dysfonctionnement de la "fonction de l'espace", associée à *notre besoin de possession*, produit la PEUR ÉGOTIQUE DE NE PAS AVOIR ASSEZ D'ESPACE VITAL ;

• le dysfonctionnement de la "fonction du temps", associée à *notre besoin d'être aimé*, produit la PEUR ÉGOTIQUE DE NE PAS ÊTRE AIMÉ ;

• le dysfonctionnement de la "fonction d'expression", associée à *nos moyens d'expression*, produit la PEUR ÉGOTIQUE DE NE PAS PARVENIR À S'EXPRIMER ;

• et le dysfonctionnement de la "fonction de coordination", associée à la *gestion de notre existence*, produit la PEUR ÉGOTIQUE DE NE PAS SAVOIR SE DÉBROUILLER DANS LA VIE.

(18) Oscar Ichazo : "DE LA MÉTAPHYSIQUE À LA PROTOANALYSE : une théorie pour l'analyse de la psyché humaine" (Études Holistiques, 1982, 1995). Voir aussi Oscar Ichazo : "L'ENNÉAGRAMME ET NOTRE TRIPLE FIXATION ÉGOTIQUE" (Études Holistiques, 1997).

FONDEMENTS MÉTAPHYSIQUES D'ARICA

Oscar Ichazo est le concepteur de la théorie sur la psyché humaine, qu'il a appelé la ***Protoanalyse***. Cette théorie est fondée sur les questions métaphysiques suivantes : *Qu'est-ce que la condition humaine ? Quel est le Bien Suprême de l'Humanité ? Quelle est la Vérité qui donne toute sa signification et sa valeur à la vie humaine ?* Ichazo a passé sa vie à travailler sur ces questions et à reformuler les Vérités Universelles permettant d'y répondre à travers une recherche transdisciplinaire concernant les champs de la métaphysique, de la théologie, de la théosophie, du tantra ésotérique et de la psychologie mystique.

Ichazo présente Arica comme l'avant-garde d'un processus qui doit se faire de manière inéluctable à condition de respecter certaines lois universelles. Celui qui se réalise grâce à l'art d'imiter son maître ne sait pas exactement ce qui a provoqué le saut et n'a aucun moyen de permettre à d'autres de reproduire son expérience. C'est ainsi que jusqu'ici se sont perpétuées les lignées spirituelles, où l'on compte généralement un ou deux candidats à la succession par génération. Par contre, l'approche scientifique permet à de nombreuses personnes, munies de schémas et d'une **cartographie de l'évolution**, d'avancer avec une précision totale et à l'unisson vers leur réalisation. Arica est donc une école gnostique, une école de réalisation de soi et de clarification de la conscience fondée sur l'analyse du processus humain. Son objectif est d'amener ses étudiants à intégrer progressivement les 9 niveaux supérieurs de conscience, les 9 degrés d'illumination.

Si l'on veut comprendre l'originalité du point de vue d'Arica, il est important de se souvenir que le Bouddhisme est fondé sur la connaissance immédiate *que le monde se trouve fondamentalement dans un état de souffrance, le samsara : c'est ce que le Bouddha présentait comme la première Noble Vérité. Ce que la théorie d'Arica propose est un fondement* ontologique *fondé sur la découverte que ce qui précède la souffrance, ce qui est à l'origine de la souffrance est un état d'être (l'ontologie étant par définition l'étude de l'être). Cet état d'être est* ***l'état d'ego****. D'où la formulation de cinq réalités ontologiques qu'Arica appelle " les cinq Déterminants Ultimes de l'Être ":*

1. *L'état d'ego* détermine *l'expérience de la souffrance.*
2. *L'état d'ego incontrôlé* détermine *les processus psychiques mécaniques et accidentels.*
3. *La réduction de l'ego* détermine *l'Esprit de Vide.*
4. *Le sentier à neuf branches* détermine *la voie vers la réalisation de soi.*
5. *Les neuf gnoses divines* déterminent *la Théose (illumination suprême).*

Ainsi, l'approche protoanalytique toute entière découle de ces Déterminants Ultimes, sans lesquels toute la théorie des fixations de l'ego et des types de personnalité exprimée à travers l'Ennéagramme se trouverait sans racines et sans signification.

Sources : *Who's Who : Oscar Ichazo* (revue Enneagram Monthly, novembre 1996)
- *Aux Sources de l'Ennéagramme,* de Michel Savage (Éditions Holistiques, 1998).

Enfin les *deux pôles*, pôle sexuel et pôle de l'unité, qui marquent les limites extrêmes de notre psyché, ont également leurs dysfonctionnements respectifs :

• le pôle sexuel, associé à *notre vie sexuelle*, engendre alors la TERREUR SUBJECTIVE DE LA CULPABILITÉ ;

• et le pôle de l'unité, associé à notre *vie spirituelle*, engendre la TERREUR SUBJECTIVE DE LA DUALITÉ.

À partir de ces paramètres des trois instincts, des quatre fonctions et des deux pôles, et des neuf systèmes anatomiques dans lesquels ils sont enracinés, Ichazo a forgé une théorie de la psyché humaine, la *Protoanalyse*, (du grec *protos*, qui signifie “principal”, et *analisis*, “analyse”), d'une remarquable efficacité. Et une nouvelle formation d'Arica donnée dans le monde depuis 1997, *“Fixations et Autodiagnostic”*, permet d'identifier neuf types de personnalité inconscients selon lesquels nous fonctionnons, dont chacun est sous la dépendance de l'un des trois egos définis ci-dessus, et de reconnaître le terrain de perturbations psychologiques de la petite enfance dans lequel ces types sont enracinés ; cela crée une véritable révélation cathartique, selon une méthode créée par Ichazo qu'il a appelée *“l'éveil soudain”*, révélation qui stoppe momentanément nos mécanismes égotiques, et l'on expérimente alors, de manière fugace mais extrêmement claire, ce qu'est l'état d'illumination où les limites de l'ego sont transcendées. Mais cela déclenche en outre un **processus d'auto-observation qui devient de plus en plus précis avec le temps, et qui met en lumière notre fonctionnement égotique dans ses aspects compulsifs qui reviennent le plus souvent** (par exemple, l'avidité ou la colère, la vengeance ou la tromperie, l'illusion ou la désillusion, la jalousie, l'envie, la crédulité, l'avarice, la convoitise, l'hypocrisie, la peur, l'agressivité, la tyrannie, l'anxiété, la mythomanie, la débauche, le ressentiment, l'orgueil, l'ignorance, etc.). Ces mécanismes de base sont rassemblés dans de nombreux dodécagrammes (ou étoile à douze branches), ennéagrammes (ou étoile à neuf branches) et pentagrammes (ou étoile à cinq branches) étudiés par la théorie d'Arica ; ils sont classés et hiérarchisés par rapport aux neuf systèmes psychocorporels cités plus haut, en particulier par rapport aux paramètres des *deux pôles* qui délimitent l'ensemble corps/psyché [19], ce qui facilite pour l'individu l'identification des mécanismes qui sont les plus conflictuels pour lui ; et ce n'est que lorsque cette identification devient automatique et instantanée que les réactions dysfonctionnelles commencent à tomber comme des fruits mûrs.

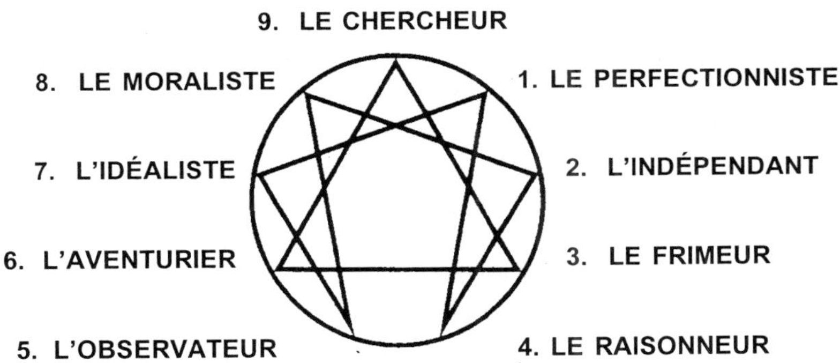

ENNÉAGRAMME DES FIXATIONS DE L'EGO
Revue ENNEAGRAM MONTHLY (novembre 1996)

Dans un autre registre plus empirique mais intéressant pour apprendre à se libérer de l'emprise inconsciente de l'ego, la médecine homéopathique offre une très large gamme de produits qui ont pour but de nous aider à guérir de nos troubles physiques et psychiques, en soignant aussi les problèmes psychologiques sous-jacents. C'est ce que le Docteur Grandgeorge appelle "l'esprit du remède homéopa-

(19) Oscar Ichazo : "DE LA MÉTAPHYSIQUE A LA PROTOANALYSE : une théorie pour l'analyse de la psyché humaine" (opus cité).

thique". *"La connaissance de* l'esprit *de ce remède nous donne la clef du conflit inconscient du malade. Dès lors, on peut le soigner dans son corps et dans son esprit grâce au remède homéopathique et à la mise au jour par le verbe des conflits inconscients. Par exemple, chez une petite fille présentant des angines gauches répétées, la découverte du remède Lachesis, remède central de la jalousie, permet d'une part de « parler » de ce problème avec la famille pour modifier certains comportements et d'autre part d'équilibrer l'enfant avec des doses du remède dynamisé"* [20].

Pour un adulte qui a pris l'habitude de se soigner par l'homéopathie, il est possible d'apprendre assez rapidement à connaître "l'esprit" des remèdes qui lui sont prescrits le plus souvent par les médecins homéopathes qu'il consulte, et à travailler consciemment sur les mécanismes égotiques de base qui sont associés à ces médicaments, par exemple :

Ignatia – l'hyper-émotivité,
Lycopodium – l'autoritarisme,
Kalium Carbonicum – la dépendance,
Gelsemium – le trac,
Staphysagria – la frustration,
Arnica – l'activisme et l'incapacité de déléguer, etc. [21]

Mais il est évident qu'un tel apprentissage doit se faire avec un médecin compétent, et qui est lui-même assez avancé dans son chemin d'évolution. Par la suite, la prise de remèdes homéopathiques peut se faire sans prescription médicale, dans un double esprit de prévention des conflits et de leurs conséquences somatiques d'une part, et de connaissance de soi d'autre part.

---

(20) Dr Didier Grandgeorge : "L'ESPRIT DU REMÈDE HOMÉOPATHIQUE : ce que le mal a dit" (opus cité).

(21) Dr Didier Grandgeorge : "L'ESPRIT DU REMÈDE HOMÉOPATHIQUE : ce que le mal a dit" (opus cité). Du même auteur, voir aussi "HOMÉOPATHIE CHEMIN DE VIE", Édicom, 1998.

Il peut y avoir beaucoup de ressemblances, voire de similitudes, entre les expériences proposées pour passer du premier au deuxième niveau, et celles utilisées pour passer du deuxième au troisième. Ce qui change fondamentalement, c'est l'attitude et la perspective des personnes qui vivent ces expériences. Dans le premier cas, l'objectif était de libérer le moi du carcan familial et socioculturel dans lequel il avait été éduqué, conditionné, et la motivation celle de rendre ce moi plus heureux et plus créatif. Dans le deuxième cas, l'objectif est de se libérer de cet égocentrisme pour mettre l'être existentiel au service de l'être essentiel, et la motivation est de retrouver l'énergie qui a déjà été ressentie à l'occasion de rencontres vécues comme "transcendantes", c'est-à-dire allant au-delà de tout ce qui avait été perçu avant. Certaines personnes peuvent avoir effectué de telles prises de conscience dès leur enfance ou leur adolescence, ce qui leur a donné alors une forte motivation pour le retrouver [22], certaines autres plus tardivement, par exemple lorsqu'elles ont commencé à faire le travail permettant d'affronter la crise numéro deux, d'autres encore à l'occasion d'une rencontre effectuée avec un être spirituellement très développé, comme nous l'avons vu au chapitre II (pages 42 à 46).

Ce qui est sûr, c'est que **le travail qui est accompli pour progresser dans les degrés du niveau de l'individu individualisé trouve sa justification en lui-même**

(22) *"Ma première expérience remonte à l'âge de un an et demi. Elle m'a tellement touché que je ne l'ai plus jamais oubliée ! Je me trouvais dans les bras de ma nourrice qui m'emmenait dans la chambre mortuaire de ma grand-mère. L'atmosphère y était surprenante : la présence de la mort, le silence et le clair-obscur de la pièce, une odeur intense de cire... Je me sentais à la fois attiré vers le lit et apeuré, rebuté... Le tout avait une qualité de merveille et d'épouvante. J'éprouvais pour la première fois l'unité de la fascination et de la terreur, ces deux qualités qui caractérisent toujours la présence du numineux"* (Karlfried Graf Dürckheim et Alphonse Goettmann : "DIALOGUE SUR LE CHEMIN INITIATIQUE" (Albin Michel, 1993).

et est capable d'être maintenu même lorsqu'il apparaît comme difficile et peu gratifiant sur le moment. C'est en effet seulement lorsque certaines expériences propres à ce niveau ont été vécues que l'individu est capable de s'engager dans un chemin spirituel ou dans une voie de yoga ou d'arts martiaux, par exemple, pour des raisons personnelles et non par conformisme familial ou social (23) ; il accepte de suivre la discipline quotidienne de méditation ou d'entraînement propre à la voie choisie, parce qu'il a compris l'importance de la persévérance et de la régularité pour avancer profondément dans la connaissance de soi (24), mais il garde un esprit d'ouverture et d'expérimentation incompatible avec une soumission passive à quelque dogme que ce soit.

---

(23) Ce cas a déjà été évoqué dans le chapitre I (page 29) et la note 7 sur l'ex-mannequin Myriam (page 27).

(24) * Dans le numéro 81 de la revue *Question de*, paru en 1990 et consacré à Karlfried Graf Dürckheim, un ami de l'auteur de "HARA, CENTRE VITAL DE L'HOMME", Henri Hartung, écrivait : *"Ainsi, premier message qui se retrouve dans tous ses livres, il parle à propos de la pratique du Zen :* ***« êtes-vous assez sérieux dans votre travail ? »*** *C'est parce que nous n'envisageons pas notre pratique avec assez de sérieux que souvent nous n'obtenons pas de résultat. Un travail spirituel est un travail qui EST SPIRITUEL, ce n'est pas quelque chose que l'on fait en plus ou à côté".*

* Dans le numéro 22 de la revue *Nouvelles Clés* (été 1999), un lama, Dagpo Rinpotché, dit de la sadhana : *"Comme tout apprentissage, qu'il s'agisse d'une activité sportive ou d'un travail, il faut du temps, de la patience et beaucoup de pratique".*

* Et dans le même numéro, Mathieu Ricard renchérit : *"Milarépa n'a-t-il pas dit : « Pratiquez jusqu'à votre dernier souffle, mais ne rêvez pas de réalisation immédiate »" ?*

* Dans "L'HOMME SE LÈVE À L'OUEST" (Albin Michel, 1992), le maître spirituel américain, Lee Lozowick, interrogé par Gilles Farcet, lui déclare : *"Qu'est-ce qu'un chercheur authentique, sinon quelqu'un qui a compris qu'il n'y a de toute manière rien d'autre à faire que pratiquer ? Enthousiaste ou découragé, il continue, quoiqu'il arrive."*

L'individu qui est entré dans le troisième niveau est un chercheur qui veut devenir de plus en plus autonome et responsable, même s'il existe encore au fond de lui des conflits incomplètement résolus avec des problèmes caractéristiques des niveaux 1 et 2, en particulier à propos du pouvoir et des situations fondées sur la dialectique dominant/dominé. Il ne vise pas plus à écraser les autres qu'à se laisser écraser par eux, même s'il a encore des difficultés à harmoniser ses forces masculines et féminines, mais son travail le pousse justement à prendre conscience des déséquilibres existant encore dans son existence et dans sa psyché. **Ses apprentissages horizontaux et verticaux sont cohérents les uns par rapport aux autres, parce qu'ils sont finalisés par la recherche de l'unité intérieure, ce qui fait de lui un apprenant complètement intégré** [25]. Cela lui permet de travailler avec d'autres individus sur un pied d'égalité afin de COÉVOLUER avec eux, d'où son appartenance à des équipes ou à des réseaux.

5. Le travail pour surmonter la "troisième crise"

a) L'ego, l'Essence et leur résultante

Nous avons vu que l'auto-observation peut se forger à l'aide de différents outils concernant le plan physique, le plan émotionnel, le plan intellectuel, et le plan de l'unité, mais surtout grâce à une attitude d'esprit qui permet de les utiliser à bon escient. Car, à partir du moment où l'on a compris que l'évolution implique la réduction de l'ego, tout

---

(25) Voir Olivier Clouzot et Annie Bloch : "APPRENDRE AUTREMENT — Clés pour le développement personnel", chapitre 7.3 (opus cité)

ce qui pourra aller dans ce sens participera à l'effacement du moi existentiel au profit du moi essentiel et jouera son rôle dans le processus de croissance. Mais nous avons vu aussi que le niveau de l'individu individualisé fonctionne trialectiquement, et que l'ego n'est que le pôle opposé de l'essence, et pas un ennemi qui doit être éliminé ou combattu, attitudes qui relèvent de la logique formelle et de la dialectique. C'est ainsi que la pratique d'un sport moderne, comme le golf ou le tennis, et celle d'une technique spirituelle ancienne, comme la prière ou la méditation, peuvent favoriser l'auto-observation, ainsi que n'importe quelle forme d'activité sérieuse ou ludique à laquelle on se livre : on apprend alors à décrypter chacun de nos comportements, de nos attitudes ou réactions en face des diverses situations de la vie comme la résultante de deux vecteurs dont l'un est dirigé vers le bas et l'autre vers le haut. L'essentiel est que ces deux forces ne s'annulent pas et qu'un mouvement d'ensemble s'effectue pour progresser et non pour régresser.

Car on peut comparer cette combinaison vectorielle à ce qui se passe dans le règne végétal où la plante pousse vers le ciel en faisant la synthèse des sels minéraux qu'elle puise dans le sol avec ses racines (ce qui pourrait correspondre au rôle de l'ego), et du gaz carbonique de l'air qu'elle puise sous l'effet de la lumière grâce à la fonction chlorophylienne de la feuille (ce qui correspondrait au rôle de l'Essence) ; cela est automatique, et les deux forces travaillent toujours en harmonie pour que la plante continue sa croissance – c'est ce que la trialectique appelle la *loi d'attraction ascendante*. Mais dans le règne humain, tant que l'ego n'a pas conscience de l'Essence, il a tendance à tirer la couverture à lui chaque fois que ses appétits matérialistes ou son besoin de satisfaction immédiate prennent le dessus, conformément à la loi trialectique d'*attraction descendante*, et donc à ignorer le point de vue de l'Essence qui est surtout concernée par le sens du mouvement et la finalité des expériences vécues.

b) Les points de blocage du travail sur l'ego

Lorsque l'individu individualisé avance dans les différents degrés du troisième niveau – l'École Arica en compte sept qu'elle subdivise en niveaux de *formation de soi* et en niveaux d'*actualisation de soi* (26) –, il démystifie l'un après l'autre certains des conflits vécus par son ego, ce qui lui permet de les désamorcer. Mais il rencontre parfois des noyaux durs qui restent opaques pour lui tant qu'il n'en comprend pas les tenants et les aboutissants, et qui résistent vigoureusement à ses efforts pour les réduire ou les dissoudre. Nous avons vu que la progression ascendante dans les niveaux de conscience implique parallèlement la capacité d'explorer les abîmes intérieurs de notre inconscient, mais il arrive que l'on s'arrête de monter parce que l'on ne sait pas descendre plus profond.

Pour comprendre ces points de blocage, il faut se référer aux stades psychomoteurs du développement de l'enfant décrits par Freud et ses successeurs : 1) développement de l'embryon dans le ventre de la mère dont il reçoit le sang qui lui apporte oxygène et nourriture ; 2) traumatisme de la naissance où le bébé éprouve pour la première fois l'angoisse de la mort entre le moment où l'on coupe son cordon ombilical, et celui où les poumons commencent à fonctionner ; 3) stade oral où l'enfant tète et est en fusion avec la mère ; 4) stade sadique-oral marqué par l'apparition des premières dents (vers six mois) ; 5) stade anal où l'enfant découvre la "loi" imposée par le père et apprend à contrôler ses sphincters (vers dix-huit mois) ; 6) stade sadique-anal lié à l'expérience de la dialectique dominant/dominé ; 7) complexe d'Œdipe (entre quatre et sept ans) où le garçon doit admettre que son père casse sa relation fusionnelle avec sa mère, pour qu'il apprenne à réorienter son affectivité vers

(26) Voir Olivier Clouzot : "NOUVELLES CLÉS POUR COMPRENDRE CE QU'EST L'ÉCOLE ARICA" (Revue L'ORIGINEL n°6, juillet 1996).

des tiers – et complexe d'Électre chez la jeune fille par rapport à l'attachement au père.

À ces expériences qui ne sont pas faciles, s'ajoutent généralement la jalousie inconsciente éprouvée à la naissance d'un frère ou d'une sœur, l'incompréhension de la mort d'un membre proche de la famille, ou tout autre traumatisme vécu pendant la petite enfance qui peut avoir laissé des marques profondes s'il n'a pas été verbalisé ; mais il y a aussi toutes les limitations et barrières qui sont mises devant l'enfant, soi-disant pour le protéger, mais qu'il perçoit souvent comme des vexations et comme des entraves à sa liberté. **C'est donc sur l'ensemble de ces blessures et de ces peurs que l'ego a construit ses carapaces successives, et c'est derrière ces carapaces que se cachent ce qui a été appelé plus haut des "noyaux durs" parce qu'ils sont des nœuds psychiques extrêmement difficiles à dénouer.**

Lorsque le travail sur l'ego et sur les conflits qui l'ont structuré a dissout les carapaces protectrices et qu'il commence à toucher de tels nœuds, il peut stagner longtemps à cause de l'énergie bloquée par les problèmes qui sont mis en jeu, et cette énergie est difficile à libérer parce qu'elle est liée à des pulsions sexuelles et à une dialectique d'amour et de mort d'autant plus puissantes qu'elles touchent les grands tabous sociaux de l'inceste, de l'argent, et de la mort. Si par ailleurs le travail sur l'ego s'accompagne d'un travail sur le corps tel qu'il est effectué dans le yoga et la méditation, ce double travail devient alors très puissant mais aussi dangereux que le fait de construire une poudrière au-dessus d'un volcan. C'est pourquoi il ne peut être réalisé qu'avec l'aide, directe ou indirecte, de personnes pleinement conscientes de ces dangers et qui ont été capables de les surmonter en faisant l'expérience complète du niveau transpersonnel après avoir lâché l'identification à l'ego.

c) L'énergie de *Kundalini* et la traversée du voile de la *Maya*

Depuis que la psychologie occidentale a étudié expérimentalement la puissance de l'énergie sexuelle et ses rapports avec le couple conscient/inconscient, en particulier grâce aux méthodes de Wilhelm Reich et de ses successeurs (Alexander Lowen, Ida Rolf, etc.), les théories des mystiques orientales sur l'énergie de Kundalini sont devenues beaucoup plus compréhensibles. Appelée *"la puissance du serpent"*, la Kundalini est une énergie spirituelle potentielle siégeant dans le premier chakra qui se trouve à la base de la colonne vertébrale ; lorsqu'elle est éveillée, on dit qu'elle monte dans les autres chakras pour aller s'unir à la "Conscience Suprême" dans le chakra au sommet du crâne (la fontanelle) appelé *"Lotus aux milles pétales"*. Autrement dit, il s'agit d'une énergie sexuelle qui se transforme en énergie spirituelle à la suite d'une certaine alchimie intérieure, qui est décrite sous diverses formes symboliques dans des textes sacrés comme ceux du Yoga Tantrique. Et le travail sur les noyaux durs de l'ego, qui passe par la prise de conscience des énergies de vie qui ont été bloquées au cours des stades du développement psychomoteur de l'enfant décrits plus haut, est directement en rapport avec cette alchimie de transformation, bien que tous les liens entre les deux processus n'aient pas encore été clairement établis (27). Ce qui est sûr, c'est que le réveil de certains chakras a toujours été présenté dans les traditions tantriques comme présentant des dangers, tels que visions hallucinatoires et clairvoyance chaotique, lorsque le développement yoguique n'était pas effectué selon les règles instituées par la tradition (28).

---

(27) *"Le temps est venu de considérer le sexe comme une chose naturelle. Il est possible que l'explosion vienne de l'Occident, parce que Freud, Jung, Reich, ont préparé le terrain. Sans connaître le tantrisme, ils ont jeté les bases nécessaires à son développement"* (Bhagwan Shree Rajneesh : "LE LIVRE DES SECRETS" - tome 1. Éditions ATP. 1974).

(28) Julius Evola : "LE YOGA TANTRIQUE" (Fayard, 1971).

Dans les livres sacrés des Védas, une notion très importante est le "voile de la Maya" (*maya* en sanscrit signifiant illusion), qui dissimule la réalité ultime, ou réalité divine, à laquelle les hommes ne peuvent avoir accès tant qu'ils sont sous la dépendance de l'ignorance (voir page 77). Seul le travail spirituel permet à l'initié (individu individualisé) d'écarter ce voile et de pénétrer dans un univers où le temps et l'espace ont une autre signification, mais ce travail implique de rencontrer la mort sans y succomber – ce que Jean Cocteau, dans ses deux films "Orphée" (1951) et "Le Testament d'Orphée" (1959), représentait symboliquement par la capacité de passer de l'autre côté du miroir.

Yogananda (1893-1952), dans son autobiographie, raconte comment, se trouvant en méditation en Inde en 1915, il fut soudain propulsé en plein milieu du théâtre des opérations de la Première Guerre mondiale. "*Depuis des mois, la guerre faisait rage en Europe et je méditais avec tristesse sur le grand nombre de morts qu'elle entraînait : je fermai les yeux et ma conscience fut soudainement transplantée dans celle du commandant d'un navire de guerre. Le canon grondait dans le duel d'artillerie entre les batteries côtières et nous. Un gros obus toucha la soute aux poudres et le navire sauta. Comme il coulait, je me jetai à l'eau, avec une poignée de survivants. Le cœur battant, je finis par atteindre au rivage. Mais hélas ! une balle égarée me frappa en pleine poitrine et je m'effondrai en gémissant. Tout mon corps fut paralysé ; pourtant j'étais conscient de le posséder comme l'on est conscient d'une jambe 'endormie'. « La Mort, dans ses bruits de pas mystérieux, m'a enfin rattrapé », pensai-je. Dans un dernier soupir, j'allais sombrer dans l'inconscience, lorsque je me retrouvai dans ma chambre de la rue Gurpar, assis dans la position du lotus. Je versais des larmes de joie, me pinçant pour m'assurer que j'étais bien en possession de mon corps qu'aucune balle n'avait mis à mal. Je penchais mon corps en avant et en arrière et respirais à pleins poumons pour me convaincre que j'étais bien en vie. Tandis que je me félicitais d'être sain et sauf, ma conscience se trouva à nouveau transportée dans le corps du commandant, étendu mort sur la plage. Mon esprit fut alors en proie à la confusion. « Seigneur, suppliai-je, suis-je mort ou vivant ? ». Un jeu éblouissant de lumières s'épanouit devant moi, à perte de vue. Une vibration au doux grondement se résolut en paroles : « Qu'est-ce que la vie et la mort ont à faire avec la lumière ? Je t'ai créé à l'image de ma Clarté. La relativité de la vie et de la mort appartient au rêve, à l'illusion du monde. Contemple ton être éternel qui échappe à leur emprise. Réveille-toi, mon enfant, réveille-toi »".* [29]

d) Expériences

Tout récit d'apprentissage effectué par une personne qui a fait l'expérience du niveau transpersonnel, à quelque degré d'intensité que ce soit, comporte des informations très surprenantes pour quelqu'un qui n'a pas encore personnellement expérimenté les énergies très particulières de ce niveau. Cela paraît d'autant plus incroyable, voire suspect, que les références à certaines formes de clairvoyance ou de clairaudience semblent souvent appartenir à des logiques complètement différentes, avec des apparitions ou des manifestations divines ou suprahumaines relevant de croyances et de pratiques contradictoires les unes par rapport aux autres.

Mais cette diversité est tout à fait normale, et chaque manifestation n'a effectivement de sens, au premier degré, que dans un système de croyance particulier, comme pour les textes sacrés appartenant à différentes traditions ; mais dès que l'on prend un peu de distance avec la lettre de ce qui est exprimé, on trouve de nombreuses correspondances au niveau de l'esprit, comme le travail d'Aldous Huxley sur la philosophie éternelle cité page 54 en a fait la preuve de-

(29) Paramahansa Yogananda : "AUTOBIOGRAPHIE D'UN YOGI" (Adyar, 1968).

puis plus de cinquante ans. L'approche synthétique de notre ouvrage ne nous permet pas d'entrer dans ces détails, mais nous prendrons trois exemples de réalisation spirituelle impliquant des expériences dramatiques de la sexualité, de la folie et de la mort, qui furent finalement comprises et transcendées.

• **Swami Muktananda** (1908-1982) a été initié dans la voie du *Siddha Yoga* par Bhagawan Nityananda. En 1947, il retrouve son maître fixé à Ganeshpuri, près de Bombay, et s'installe dans une hutte pas très loin de chez lui et mène pendant neuf ans une ascèse spirituelle extrêmement intense, jusqu'au moment où il atteint la réalisation. Au cours d'un processus solitaire, mais bénéficiant certaines fois de la protection du maître qui se trouve à proximité, il vit de nombreuses expériences avec la lumière rouge, la lumière blanche, la lumière noire, et la lumière bleue, et des manifestations yoguiques spontanées qui se produisent au cours de son travail avec l'énergie de Kundalini.

La voie qu'il avait choisie exigeant une chasteté totale, Muktananda se sent un jour agressé, alors qu'il se trouve en méditation, par un envahissement de pensées lascives et une montée d'énergie sexuelle qu'il n'arrive pas à contrôler. Puis une jeune fille nue extrêmement belle lui apparaît et lui impose sa présence continuelle, qu'il ait les yeux ouverts ou fermés. Rempli d'excitation, de honte et de dégoût de lui-même, il vit des jours très pénibles, essayant toutes sortes de jeûnes et d'ascèses pour éteindre le feu de son énergie sexuelle, mais celui-ci est si intense que ses érections trouent son mince vêtement de coton et l'empêchent de conserver sa position de méditation. Quoi qu'il fasse, la femme nue est toujours là. "*Elle se mettait à me torturer atrocement et semblait n'avoir qu'un seul but : obtenir que je lui fasse le sacrifice de mon vœu sacré de chasteté*". Un jour, il parvient à écarter la vision en se mettant "*à rugir comme un lion*", et pendant une demi-heure, la langue pendant de sa bouche, il rugit comme un forcené. La honte de lui-même est si forte qu'il décide de tout abandonner, et de devenir un moine errant. Il quitte effectivement son vêtement orange de sannyasin et s'en va sur les routes. À la suite d'un concours de circonstances, il tombe sur un livre et l'ouvre au hasard sur une page qui décrit les visions qu'il vient de vivre comme faisant normalement partie du processus de purification dans le travail avec la Kundalini. *"Le jour suivant, la divine Kundalini réapparut dans la lumière rouge. Mais maintenant je pouvais percevoir Sa beauté céleste. Elle était le divin pouvoir de grâce, d'une beauté captivante. Quand je La vis, je me félicitai de ma chance et me prosternai devant Elle. Comme je m'agenouillais, la Déesse se fondit dans la lumière rouge."*. (30)

• **Gopi Krishna**. Dans un article de Jerome Liss, paru dans un numéro ancien de la revue anglaise *"Self and Society"* (novembre 1973), on peut lire un témoignage assez bouleversant d'un yogi, Gopi Krishna qui, après 17 ans de yoga et de méditation, vécut l'expérience d'une montée brutale d'énergie vitale à la base de sa colonne vertébrale : *"Soudain, avec le rugissement d'une cascade, je sentis un courant liquide entrant dans ma moelle épinière. Non préparé le moins du monde envers un tel événement, je fus complètement pris par surprise, mais, maintenant le contrôle de soi que me donnait ma méditation, mon attention étant fixée sur le lotus au sommet de ma tête, je restai assis dans la même posture, continuant ma concentration mentale. Le rugissement devint de plus en plus puissant, mon corps se mit à trembler, et je me sentis glisser en dehors de lui, entièrement enveloppé dans un halo de lumière"*. Ces expériences d'élargissement de la conscience, accompagnées d'un sentiment de *"bonheur infini"*, durèrent quelque temps, mais après trois jours d'expériences extatiques, son corps se trouvait dans un terrible état d'épuisement. Il ne pouvait plus méditer, et il resta alité, supportant difficilement l'état anormal de son esprit et cette immense fatigue corporelle qui

(30) Swami Muktananda : "CHITSHAKTI VILAS" (Shree Gurudev Ashram, 1974 – diffusé par les Éditions de l'Épi).

l'écrasait. La nuit, il ne dormait pas, mais était la proie de terribles visions : *"Chaque fois que je fermais les yeux, je me voyais en train d'examiner un étrange cercle de lumière dans lequel des courants lumineux tournoyaient et tourbillonnaient d'un côté à l'autre. Le spectacle était fascinant, mais horrifiant, investi d'une terreur surnaturelle qui me glaçait parfois jusqu'à la moelle des os"*. Au bout d'une semaine, l'existence de Gopi Krishna se transforma en cauchemar vivant. En fait, pendant plusieurs mois, il vécut dans son lit un véritable enfer : *"Chaque fois que mon esprit se retournait vers lui-même, je me trouvais toujours, avec une panique croissante, en face de cette radiance céleste qui emplissait ma tête en tourbillonnant furieusement. J'en voyais même le reflet dans les coins les plus sombres de ma chambre pendant les heures interminables de la nuit. Assez souvent, ces reflets prenaient des formes horribles, comme des fantômes sataniques gesticulant vers moi dans le noir. Cela continua nuit après nuit, pendant des mois, affaiblissant ma volonté et sapant ma résistance jusqu'à ce que je me sente absolument incapable d'endurer cela plus longtemps, certain que j'allais bientôt succomber devant cette horreur qui me poursuivait impitoyablement, et que j'allais devoir dire adieu à la vie et à la santé mentale pour me ruer hors de ma chambre tel un fou délirant"*.

Gopi Krishna s'accrocha à la vie. Plusieurs personnes plus âgées que lui et plus expérimentées dans cette forme de méditation lui rendirent visite, mais aucune d'elles ne fut en mesure de l'aider à surmonter cette épreuve particulière. C'est seulement grâce à la résolution de sa volonté et aux soins tendres et dévoués de son épouse qu'il parvint finalement à reconstituer ses forces et à retrouver une nouvelle vitalité bien supérieure à celle qu'il avait avant le déclenchement de cette troublante expérience [31].

---

(31) Extrait de *"Pourquoi le concept d'Illumination est-il ignoré de notre culture ?"*, GAM n°25 la revue des services éducatifs de Recouvrance, Hiver 1990-91. Voir aussi "KUNDALINI - L'ÉNERGIE ÉVOLUTRICE EN L'HOMME" de Gopi Krishna, Le Courrier du Livre, 1978.

• **Carl-Gustav Jung**. Dans un livre autobiographique, Jung consacre un court chapitre, intitulé “Visions”, à la description d’une expérience de NDE (*near death experiences* – “expérience aux portes de la mort”) qui l’a beaucoup marqué. *“Au début de l’année 1944, écrit-il, je me fracturai le pied et peu après j’eus un infarctus cardiaque. En état d’inconscience, j’eus des délires et des visions ; ils doivent avoir commencé alors qu’en danger de mort on m’administrait de l’oxygène et du camphre. Les images avaient une telle violence que j’en conclus moi-même que j’étais en train de mourir”*. Au cours de ses voyages dans l’astral, Jung rencontra le médecin qui venait de le sauver, ce qui lui fit pressentir que ce dernier était en danger : son médecin mourut effectivement le 4 avril, le jour même où Jung fut autorisé à s’asseoir pour la première fois sur le bord de son lit. Les semaines qui suivirent furent parmi les plus riches de sa vie. Au début, il était déprimé le jour, et vivait des moments de grande exaltation la nuit. *“J’étais comme dans une extase ou dans une très grande béatitude. Je me sentais comme planant dans l’espace, comme abrité dans le sein de l’univers, dans un vide immense, bien qu’empli du plus grand sentiment de bonheur qui soit. C’était la béatitude éternelle ; on ne peut la décrire, c’est bien trop merveilleux, me disais-je”*. Ces moments d’unité extraordinaire passés, il se sentait mélancolique, comme il l’a dit, de *“retourner dans la grisaille”* de la vie ordinaire.

Puis, au fur et à mesure qu’il reprenait des forces, de nouveaux états de conscience se manifestaient. Il se mit à voir l’aura de son infirmière, avec *“comme un halo bleu autour de sa tête”*, et vécut des états mystiques dont il n’avait auparavant qu’une connaissance intellectuelle : *“On recule devant l’emploi du mot « éternel » ; pourtant, je ne peux décrire ce que j’ai vécu que comme la béatitude d’un état intemporel, dans lequel passé, présent, avenir ne font plus qu’un. Tout ce qui se produit dans le temps y était concentré en une totalité objective”*. Jung avait jusqu’alors, dans son travail psychologique, balisé le chemin permettant d’accéder au niveau de l'individu individualisé, et il avait suivi lui-même ce chemin avec une détermination tranquille ; et voilà que la maladie et les apprentissages qu'elle lui permit de réaliser à 69 ans lui firent faire l'expérience du niveau transpersonnel dans toute sa pureté. Comme il l'a dit lui-même, bon nombre de ses œuvres principales ne furent écrites qu'après [32].

e) Interprétation

Ces témoignages sont fort éloquents, en incluant celui de Yogananda. Ils nous montrent que ce n'est que lorsque l'attitude de départ, qui est fortement dualiste ou dialectique, se transforme en tendant vers l'intégration des contraires, que le processus des personnes concernées se transforme lui aussi, et que ces dernières trouvent l'unité et la paix intérieure. C'est flagrant chez Muktananda que son vœu de chasteté amène à vivre ostensiblement ce que la psychanalyse a appelé "le retour du refoulé" ; et ce n'est que lorsqu'il prend conscience que son processus est tout à fait normal, après l'avoir lu dans un livre ouvert au hasard, qu'il se pacifie avec l'image de la femme nue qui le troublait si fort, bien qu'elle n'ait été qu'une projection de son propre esprit.

Quant à Jung, avec quelles parties de lui-même ou de sa vie était-il si violemment en conflit pour se casser le pied et avoir un infarctus cardiaque ? Son récit ne le dit pas, mais il est évident que le processus de la maladie, qui culmine dans l'expérience aux portes de la mort, et de la guérison, le conduit progressivement vers une sérénité et un état énergétique de bonheur intérieur qu'il n'avait jamais pu imaginer malgré le haut niveau de conscience qu'il avait déjà atteint ; et ce n'est pas un hasard si son expérience d'illumination a ouvert la voie à une période de créativité intense puisque Jung a écrit ses œuvres majeures à la fin de sa vie.

(32) Carl-Gustav Jung : "MA VIE" (Gallimard, 1966).

Les expériences de Yogananda et de Gopi Krishna sont du même ordre, avec la différence que celle de Yogananda dure quelques minutes et celle de Gopi Krishna plusieurs mois, ce qui montre l'énorme différence existant dans l'état d'avancement de leur processus respectif. Mais elles conduisent les deux yogis à faire l'expérience de la mort et de la folie jusqu'à ce qu'ils comprennent que la réalité ultime que la réalisation de soi permet de découvrir se trouve au-delà des vérités relatives de la vie et de la mort, de la santé et de la folie, de la joie et de la douleur.

Ces quatre récits d'apprentissage nous permettent de comprendre aussi un phénomène dont personne ne parle mais qui est à l'origine des drames qui se produisent dans certaines “sectes”, en particulier celles de Guyana et du Temple Solaire qui ont défrayé la chronique de ces dernières années par la démesure des suicides et des crimes collectifs qu'elles ont engendrés. De nombreux témoignages ont présenté les leaders de ces communautés comme des personnes charismatiques ayant des connaissances et des compétences que beaucoup de gens leur reconnaissaient. Qu'est-ce qui a pu se passer pour qu'ils perdent soudain la raison et entraînent dans la mort les disciples qui les avaient rejoints, après leur avoir pris leur argent, ou s'être parfois livré sur eux à toutes sortes d'exactions et de fantaisies érotiques [(33)], avec ou sans leur consentement ? On peut faire l'hypothèse que, dans le travail spirituel qu'ils faisaient, et qui avait pu être authentique à certains moments de leur processus (nous n'avons aucun élément pour juger), ils ont laissé leur ego inférieur prendre le dessus, et ils n'ont pas fait le travail de transformation psychologique qui s'imposait lorsque leur évolution les a placés en face des noyaux durs de leur psyché contenant les appétits frustrés, les com-

(33) Sur le problème du glissement du travail spirituel vers la manipulation sexuelle dans les sectes, on peut étudier le récit autobiographique “L'ADEPTE - 7 ans dans l'enfer d'une secte”, d'Isabelle Sebagh (Le Comptoir, Genève, 1997).

plexes, les pulsions et les peurs rencontrés lors des premiers mois de la vie, alors qu'ils étaient complètement impuissants pour les dominer, jusqu'à cette angoisse fondamentale de la mort que tout bébé éprouve au moment de la naissance. Et cette absence de travail à un moment essentiel de leur évolution où ces conflits anciens allaient pouvoir être résolus, leur a coûté la vie, ainsi que celle des disciples naïfs qui les avaient pris pour guides – exactement comme un premier de cordée qui s'est montré négligent lorsqu'il abordait la dernière grande difficulté du parcours et qui dévisse en entraînant les autres dans sa chute.

6. Mots-clés du niveau transpersonnel

Lorsque la troisième crise est surmontée, les premières expériences du niveau transpersonnel ne marquent pas la fin du chemin d'évolution, mais plutôt le début d'un nouveau voyage où les processus subjectifs habituels ont perdu leur importance et leur attrait – simplement parce qu'on y fait moins attention. Plus exactement, l'attention qu'on leur accorde n'est pas plus ni moins grande que celle que l'on consacre à l'observation de nos autres processus, corporels, émotionnels, intellectuels, sexuels et spirituels, qui participent à égalité à tout ce qui constitue l'unité et la cohérence de notre être d'une part, et l'unité et la cohérence de l'ensemble de nos actions d'autre part. On retrouve d'une certaine manière la simplicité et le sérieux qu'a l'enfant lorsqu'il joue, mais avec des qualités de volonté et de responsabilité qu'un enfant n'est pas capable de mettre en œuvre parce qu'il ne sait pas encore coordonner différentes actions dans un engagement à long terme qui le mobilise totalement.

On peut citer trois mots-clés pour définir l'univers intérieur et extérieur que découvre la personne qui est entrée dans le quatrième niveau : *amour, unité,* et *vérité.*

En ce qui concerne l'AMOUR, la psychanalyse dit que le petit enfant est un "pervers polymorphe", ce qui signifie qu'il n'a pas encore en lui ce que Freud a appelé le "surmoi", c'est-à-dire la connaissance des limites que l'éducation donnée par le père doit lui apporter lorsqu'il grandit : il est complètement livré au "ça", c'est-à-dire à ses pulsions orales et anales, à ses désirs de fusion avec la mère, à ses besoins érotiques, et à ses tendances homosexuelles et incestueuses, qui n'ont aucune connotation de "bien et de mal" pour lui. Mais plus tard dans sa vie, il aura besoin de comprendre que la famille et la société ont projeté sur son polymorphisme amoureux d'énormes tabous, et que certaines religions y voient même l'origine du péché, et lorsqu'il se trouvera face à la troisième crise, celle qui permet de passer du niveau individuel au niveau transpersonnel, il pourra surmonter complètement cette contradiction en découvrant que c'est en elle que son ego a pris racines, et qu'un tel processus ne pouvait pas être évité. Cela lui permettra à la fois de cesser de s'identifier à son vieux moi et de commencer à s'aimer simplement tel qu'il est (34). Ce n'est qu'à partir de là qu'aimer son prochain comme soi-même va prendre pour lui sa véritable signification, mais c'est surtout la sensation de recevoir un amour infini de la vie et du cosmos [ou de Dieu, ou de Jésus, ou de son maître spirituel selon la voie dans laquelle il travaille], amour qui comble chacun de ses instants et qui lui donne la motivation de continuer son travail pour se maintenir au niveau auquel il a accédé ou pour encore progresser.

---

(34) *"La pureté du bodhisattva, est fondée sur l'amitié avec soi-même, l'amour de soi-même. Vous n'êtes pas une gêne pour vous-même ; vous êtes un compagnon agréable, une inspiration pour vous-même. Vous n'avez pas à vous contrôler pour éviter les tentations et suivre les règles ou les lois. Vous trouvez les tentations moins séduisantes et les garde-fous moins nécessaires, parce que vous adoptez naturellement les comportements appropriés."* (Chögyam Trungpa : "LE MYTHE DE LA LIBERTÉ", Éditions du Seuil, 1979).

UNITÉ est un deuxième mot-clé du niveau transpersonnel, un mot qui a ici un sens absolu – unité du conscient et de l'inconscient, du rêve et de la réalité, de l'invisible et du visible, du corps et de la psyché, de la matière et de l'esprit. C'est une unité qui tient compte à la fois du temps et de l'au-delà du temps, une unité du passé, du présent et du futur rassemblés dans un processus dont la réalisation ultime est la seule issue possible, qu'elle soit atteinte dans cette vie ou à travers la mort (35). Cela donne à l'individu une tranquillité d'esprit et une force qui grandissent au fur et à mesure que l'état permanent d'illumination approche, et qui deviennent totales lorsque cet état est trouvé.

Arnaud Desjardins raconte qu'il a vu des êtres réalisés extrêmement malades, mais qui faisaient preuve d'une vigueur et d'une vitalité surprenantes dès que la situation l'exigeait (36). Il faut dire que certains yogis ont tellement malmené leur corps, au cours de leur vie marquée par le don de leur énergie et de leur attention à autrui, ainsi que par les sadhanas et les ascèses exigées par la tradition, que leur organisme n'a pas pu le supporter. Muktananda, paraît-il, avait une grave maladie d'estomac à la suite des nombreux jeûnes qu'il s'était imposés, ce qui ne l'a pas empêché de devenir un excellent cuisinier (37). Et dans le catholicisme,

---

(35) "*Selon la pensée bouddhiste, il existe de nombreux niveaux de conscience, dont les plus grossiers correspondent à nos perceptions ordinaires — toucher, vue, odorat, etc. – et les plus subtils à ceux dont on fait l'expérience au moment de la mort. L'un des buts du tantrisme est de permettre de « faire l'expérience » de la mort, à l'approche de laquelle surviennent les réalisations spirituelles les plus puissantes.*" (Sa Sainteté le quatorzième Dalaï Lama : "AU LOIN LA LIBERTÉ", Fayard, 1990). Voir aussi Sogyal Rinpoché : "LE LIVRE TIBÉTAIN DE LA VIE ET DE LA MORT" (Éditions de la Table Ronde, 1993).

(36) Arnaud Desjardins et Véronique Loiseleur : "L'AMI SPIRITUEL" (La Table Ronde, 1996).

(37) Marty Kushner : "LE FEU DANS LA CUISINE", traduit de l'américain et publié dans *La voie des Siddhas*, volume 11, n° 4, mai 1979. Texte repris dans "APPRENDRE AUTREMENT", récit d'apprentissage n° 54 (opus cité).

Marthe Robin, la stigmatisée de Châteauneuf (1902-1981), a passé presque toute sa vie dans son lit, en ne se nourrissant chaque jour que d'une hostie (38).

Il n'est plus nécessaire, maintenant, de torturer ainsi le corps, parce que l'on connaît des moyens objectifs de réduire l'ego qui impliquent une autodiscipline raisonnable, tout à fait acceptable pour de nombreux apprenants qui ne veulent pas dépendre des représentations dogmatiques propres à telle ou telle religion, et l'École Arica a parmi ses outils une gymnastique dynamisante et favorable à la santé, la "Psychocalisthénie" (39), ce travail faisant partie d'une saine gestion de l'amour dirigé vers le corps qui nous a été donné et qui nous permet de nous maintenir en vie.

L'importance de l'unité, telle qu'elle est ressentie au niveau transpersonnel, est d'autant plus grande qu'elle englobe aussi le monde intérieur et le monde extérieur, le monde extérieur perçu étant un reflet du monde intérieur, et ce dernier dépendant du niveau de conscience du sujet. Cette équation n'est pas facile à accepter, mais elle est extrêmement libératrice dès qu'elle est comprise, exactement comme ce qui se passe dans le rêve dont tous les éléments, agréables ou désagréables, sont des projections du rêveur, et Arnaud Desjardins reconnaît que le fait d'être *"un avec la réalité de notre vécu intime même le plus douloureux"* est un élément essentiel de ce qu'il a appris avec son gourou (40).

---

(38) Jean Guitton et Jean-Jacques Antier : "LES POUVOIRS MYSTÉRIEUX DE LA FOI" (Perrin. 1993).

(39) Oscar Ichazo : "LA MAÎTRISE DE SOI PAR LA PRATIQUE CONSCIENTE DE LA PSYCHOCALISTHÉNIE" (Études Holistiques. 1993).

(40) Arnaud Desjardins et Véronique Loiseleur : "L'AMI SPIRITUEL" (opus cité). La méthode pour atteindre cette *"unité avec soi-même"* est très bien décrite dans un récit d'apprentissage effectué par Véronique Loiseleur dans lequel elle raconte différents entretiens qu'elle avait eus avec Arnaud Desjardins lorsqu'elle "travaillait" avec lui à l'âge de vingt-sept ans : *"Ne vous laissez pas emporter sans vigilance par l'émotion heureuse"*, lui conseillait-il, *"sinon vous allez subir une loi implacable : plus vous allez loin dans*

Mais les fondements de l'unité se trouvent dans l'équilibrage et l'harmonisation des quatre plans. D'abord parce qu'il est essentiel que l'harmonie règne entre le plan physique (le corps), le plan émotionnel et affectif (émotions et sentiments), et le plan intellectuel (le mental), tandis que si les pensées dominent le sujet, certaines émotions et sensations sont occultées et il n'y a pas unité, mais division. Ensuite parce que cet ensemble des trois premiers plans a be-

---

l'émotion heureuse, plus vous irez loin ensuite, inévitablement, dans l'émotion malheureuse. Le découragement succédera alors à l'enthousiasme. Il ne peut en être autrement. Vous ne pouvez pas avoir le concave sans avoir aussi le convexe. Souvenez-vous de l'image du balancier. Quand le pendule a été loin dans un sens, il ira loin dans l'autre sens, emporté par son propre élan. L'être humain est ainsi balloté dans l'existence sans maîtrise de lui-même, fou de joie un jour et, le lendemain, brisé par le désespoir. Quand il est heureux, il voit tout en rose, la vie lui paraît facile, tout lui sourit. Mais pour peu qu'une impression vienne frapper directement son inconscient sans qu'il la note au passage, le balancier repart aussitôt dans l'autre sens avec la même amplitude, et voilà le même homme désemparé, ne comprenant pas ce qui lui arrive ni pourquoi il se sent tout à coup si triste alors qu'il était si gai la veille. « C'est un statut d'esclave », disait Swâmiji. Pouvez-vous supporter de vivre en esclave, emportée au gré des circonstances comme un plancton à la surface de l'océan ? Vous êtes semblable à une marionnette dont on tire les ficelles : « Voilà une bonne nouvelle, sois heureuse », et vous ne pouvez pas vous empêcher d'être heureuse ; « Voilà une mauvaise nouvelle, souffre ! », et vous ne pouvez pas vous empêcher de souffrir. Il est possible d'échapper à ce mécanisme tout-puissant. Au lieu d'être entraîné tantôt à droite, tantôt à gauche, asservi aux oscillations du balancier, le disciple en vous remonte l'axe du balancier et il se situe au centre. Plus vous remontez l'axe, moins vous êtes soumis à l'amplitude du mouvement. Vous éprouvez encore des émotions de joie ou de tristesse, mais elles ne vous emportent plus, vous en êtes le témoin tranquille. Il y a émotion, c'est indéniable, mais vous la voyez, vous n'en rajoutez pas, vous cessez de l'alimenter par des idées roses ou des idées noires, le cinéma intérieur que chacun se fait à longueur de journée." (Véronique Loiseleur-Desjardins : "À CŒUR OUVERT", Revue Question De, n° 111, consacré à Arnaud Desjardins, Albin Michel, 1998). La méthode consistant à *"remonter l'axe"* afin de ne pas être soumis à *"l'amplitude du mouvement"* montre bien ce que le travail vertical a de spécifique pour ne pas rester prisonnier des émotions habituelles propres à l'horizontalité.

soin que les deux pôles, sexuel et spirituel, qui constituent le quatrième plan, soient en équilibre afin de donner à la psyché une énergie potentielle aussi claire et directe que celle de la corde d'un arc bien tendu. Alors, effectivement, l'unité corps/émotions/esprit devient une expérience réelle de l'individu qui se trouve ouvert et disponible à la réalité objective du moment, au lieu d'être soumis aux tiraillements contradictoires et subjectifs de son ego.

Le troisième mot-clé dont nous parlerons ici est celui de VÉRITÉ. Car les personnes qui font l'expérience du niveau transpersonnel découvrent une vérité fondamentale qu'il était difficile d'assimiler avant, même si elles en avaient une compréhension intellectuelle : c'est qu'**il existe un processus humain de croissance vers l'illumination et la liberté qui est inscrit dans les lois de la réalité, et qui se produit naturellement au fur et à mesure que l'ego cesse d'y faire obstacle**. Lorsque les perceptions subjectives et intéressées de l'ego commencent à se dissiper, une force nouvelle apparaît en effet : celle de la conscience qui prend la place laissée vacante par le ralentissement des pensées et qui grandit au fur et à mesure que l'ego diminue. On retrouve ici l'expérience directe de ce que Teilhard de Chardin [41] appelait la spiritualisation de la matière grâce à la conscience humaine, et de ce que Shri Aurobindo [42] nomme le “supramental” : *“Le Supramental est la conscience-de-Vérité, une conscience à jamais libre de l'Ignorance qui forme la base de notre existence naturelle ou évolutive pré-*

(41) Pierre Teilhard de Chardin (1881-1955), philosophe et paléontologue français, entré dans l'ordre des Jésuites en 1899, auteur d'une œuvre sur l'évolution, qui essaie de concilier science et religion, et où l'homme est l'agent d'une spiritualisation de la matière, et Dieu le point initial (l'*Alpha*) et le point final (l'*Omega*).

(42) Aurobindo Ghose (1872-1950), philosophe indien qui a travaillé à l'établissement dune synthèse religieuse universelle. Il fonda en 1926 un ashram dont l'importance n'a cessé de croître à Pondichery.

sente à partir de laquelle la nature en nous s'efforce de parvenir à la connaissance de soi et à la connaissance du monde, à la conscience vraie et à l'utilisation vraie de notre existence en cet univers" (43), ce qui signifie que **la conscience est le principe évolutif essentiel qui préside à la vie et à l'évolution des formes matérielles et qui trouve au niveau transpersonnel sa véritable dimension**. À partir de là, les frontières entre les niveaux disparaissent, et toutes les expériences des niveaux précédents deviennent des occasions de transformation (44).

Paradoxalement, mais ce n'est une surprise que lorsque l'on est encore sous l'emprise de la logique aristotélicienne qui est une logique de la dualité et de la contradiction, cette compréhension de ce qui est une vérité objective concernant l'évolution consciente, débouche sur une autre vérité d'une très grande simplicité : celle que lorsque l'ego n'est plus là pour tout diriger, il suffit de se laisser aller à ce que l'on est naturellement. Ainsi Ramesh S. Balsekar dit :

---

(43) Shri Aurobindo : "LA MANIFESTATION SUPRAMENTALE SUR LA TERRE" - extraits publiés dans la Revue d'Astrologie Humaniste sur "Le Niveau Transpersonnel" (n° 7, dernier trimestre 1995).

(44) *"Au début de la voie transpersonnelle, beaucoup de problèmes viennent du fait qu'au lieu d'accepter et de vivre encore les trois niveaux antérieurs au niveau transpersonnel, on croit devoir les nier, les combattre ; il n'y a que l'ego pour nier et combattre. L'individu plus avancé accepte de vivre positivement à un niveau personnel et socioculturel, mais ne reste pas à ce niveau. Il est prêt à transformer à chaque instant le sens qu'il donne habituellement aux choses en visant une façon d'être toujours plus inclusive (aimante}. En définitive, ce qui compte, ce n'est pas de s'améliorer selon des valeurs préconçues, aussi idéalistes qu'elles puissent paraître ; c'est de se transformer pour pouvoir être un exemple d'un comportement plus qu'humain."* Alexander Ruperti : "DE LA PERSONNE AU PLUS GRAND TOUT", Revue d'Astrologie Humaniste n° 7 - opus cité). Remarquons ici que, malgré les apparences, Ruperti ne parle pas exactement de la même échelle de niveaux que la nôtre : les "trois niveaux antérieurs" auxquels il se réfère sont le niveau biologique, le niveau socioculturel, et le niveau individuel, qui constituent avec le niveau transpersonnel, les quatre "niveaux d'interprétation astrologique" définis par Dane Rudhyar.

"La seule vérité qui ne soit pas un concept est le sentiment d'être, ici et maintenant – dans le sentiment impersonnel de la présence : « Je suis », et non pas « Je suis Joe ou Jeanne ». Ce sentiment impersonnel d'être dans l'instant présent est la seule vérité" (45). On commence alors à fonctionner selon nos caractéristiques naturelles, à faire ce pour quoi l'on est fait, ce qui débouche sur un *"immense sentiment de liberté"* (46).

---

(45) Ramesh S. Balsekar : "L'APPEL DE L'ÊTRE", Les Éditions du Relié, 1997.

(46) *"Tant qu'on ne l'a pas vécu, il est impossible de réaliser de quel fantastique sentiment de liberté il s'agit — la liberté, entendez bien cela, la liberté de faire ce que vous aimez. La liberté de continuer à vivre exactement comme vous l'avez fait jusqu'alors, avec la conviction que vous ne pouvez absolument rien sur les conséquences. Vous continuez donc à faire ce que vous avez toujours fait, le même genre de travail, à moins qu'un changement ne se produise. Le fait que les résultats ne dépendent* absolument pas *de vous signifie que vous cessez de vous inquiéter des résultats et que vous vous concentrez sur la tâche en cours."* (Ramesh S. Balsekar : "L'APPEL DE L'ÊTRE" - opus cité). Ce qui est particulièrement savoureux dans un tel témoignage, c'est qu'il vient d'un directeur de banque, joueur de golf et père de famille, qui a rencontré son gourou vers la cinquantaine, et qui n'a commencé à donner son propre enseignement spirituel qu'après avoir pris sa retraite.

7. Expériences mystiques et niveau transpersonnel

Nous ne pouvons qu'effleurer ici un thème important du niveau transpersonnel mais dont le développement nécessiterait de nombreux volumes, si l'on voulait faire une description exhaustive des façons multiples dont les expériences mystiques se produisent. Ce qui nous paraît cependant essentiel à signaler, c'est que l'individu qui a atteint le niveau transpersonnel, aussi libre soit-il par rapport aux normes et aux tabous de la société dans laquelle il vit, reste dépendant de la culture religieuse dans laquelle il a été éduqué et a évolué, culture qui détermine, qu'il le veuille ou non, le cadre spécifique dans lequel ses expériences mystiques vont se manifester. On peut en effet observer qu'un disciple de Krishna n'a jamais vu une apparition de la Vierge, tandis qu'un Chrétien n'a jamais signalé avoir entendu les sons envoûtant de la flûte de Krishna tandis qu'il priait.

En Occident, on sait bien que dans le Catholicisme, par exemple, l'identification au Christ et au martyre qu'il a subi à la fin de sa vie a entraîné certains mystiques à vivre eux-mêmes dans leur corps des souffrances analogues qui laissaient des marques extérieures que l'on pouvait observer : c'est le cas des stigmates, qui sont des plaies apparaissant sur les mains et les pieds de grands mystiques tels que Saint François d'Assise, Sainte Thérèse d'Avila, le curé d'Ars (47), qui revivaient dans leur chair la crucifixion. Ce phénomène, qui relève en fait de l'amour du "disciple" pour son "maître", est plus rare de nos jours, mais il peut être remplacé par d'autres symboles tout aussi puissants, comme la mort de Mère Teresa (48) qui s'est produite en 1997, exactement un

(47) Jean Guitton et Jean-Jacques Antier : "LES POUVOIRS MYSTÉRIEUX DE LA FOI" - opus cité.

(48) Mère Teresa (Gonxha Bojaxhiu), religieuse indienne d'origine yougos-

siècle après celle de Sainte Thérèse de Lisieux (1873-1897) dont Mère Teresa avait choisi de porter le nom.

Au-delà des expériences mystiques dépendant spécifiquement de l'imagerie ou de la symbolique d'une religion, il existe cependant des phénomènes d'une nature universelle relevant des caractéristiques psychophysiologiques de l'être humain, puisqu'ils semblent bien se manifester dans la vie des grands mystiques de toutes les traditions. Oscar Ichazo a rassemblé ces manifestations, qui constituent pour lui neuf degrés de plus en plus avancés de réalisation de soi, dans ce qu'il appelle une "GNOSÉOLOGIE" (49) : ainsi définit-il une *"Gnose de la Lumière"*, qui est une expérience de la radiance de la lumière, une *"Gnose de la Fructification"*, qui est un état de bien-être, de jouissance, et de gratitude où l'on est heureux en soi, une *"Gnose de la Grande Paix"*, liée à la prise de conscience que la mort n'est pas un état définitif, mais une étape dans le processus de conscience éternelle, ce qui crée une paix inimaginable, etc. Dans le système Arica, les trois dernières gnoses s'intitulent respectivement la *"Gnose de la Réalisation de Soi"*, la *"Gnose de la Libération"*, et la *"Gnose de l'Être de Diamant"*. Avec de tels concepts, le chemin conduisant jusqu'aux degrés ultimes du niveau transpersonnel est complètement balisé.

---

lave (1910-1997). Fondatrice de la Congrégation des missionnaires de la Charité, elle a reçu le Prix Nobel de la paix en 1979.

(49) Oscar Ichazo : "THE RESULTS OF THE TELEGNOSTIC MEDITATIONS - Internal Instructions" dans la revue *"THE ARICAN - International Journal of Arica Institute"*, 145 Palisade Street, Suite 401, Dobbs Ferry, NY 10522-1617 (Automne 1992).

Chapitre V.

MÉTHODES, OUTILS ET CONDITIONS DU TRAVAIL VERTICAL

1. Des méthodes du travail spécifique avec le maître, à une méthodologie générale d'enseignement visant la réalisation de soi

a) La pénurie des "maîtres"

Il y a peu de personnes dans le monde qui soient entrées dans le niveau transpersonnel. Il y en a encore moins qui ont parcouru tous les degrés conduisant à la réalisation de soi, ou "illumination suprême", peut-être seulement quelques milliers pour l'ensemble de l'humanité d'après Arnaud Desjardins [1]. Par rapport aux besoins actuels de la planète, et afin de permettre à des courants importants de notre société de traverser la deuxième crise, il y a donc vraiment une pénurie d'êtres réalisés capables de guider l'humanité dans l'exploration de la dimension verticale.

---

(1) Arnaud Desjardins et Véronique Loiseleur : "L'AMI SPIRITUEL", La Table Ronde, 1996.

Mais ce n'est pas tout. Certains des maîtres spirituels existant peuvent avoir une expérience complète du chemin de transformation, et manquer tout de même des compétences pédagogiques nécessaires pour transmettre leur savoir et leur expérience à un grand nombre de gens. Osho Rajneesh disait que les êtres réalisés sont comme des montagnes, et *"les montagnes ne se rencontrent jamais"*, ajoutait-il, ce qui signifie alors qu'ils ne communiquent pas entre eux aussi bien qu'il le faudrait. Or, ce manque de communication entre les maîtres s'ajoute au fait qu'ils n'ont généralement pas été formés au dialogue inter ou transdisciplinaire, et que beaucoup d'entre eux ne sont donc pas capables de parler du voyage mystique de manière objective, c'est-à-dire sans se référer exclusivement au type de discours dépendant de la religion ou voie spirituelle dans laquelle ils ont été éduqués.

On pourrait penser que l'action de "très grands maîtres", capables de s'adresser à des centaines de fidèles, comme le firent autrefois Bouddha et Jésus, pourrait avantageusement remplacer l'action de plusieurs maîtres de taille plus modeste travaillant avec un petit nombre de disciples. C'est effectivement le cas avec un maître contemporain, Sri Satya Sai Baba, que des millions d'Hindous et de nombreux Occidentaux, "considèrent comme un Avatar et une incarnation divine" ; il ferait de plus grands miracles que Jésus, tiendrait des discours semblables aux siens, et son aura mesurée par un grand spécialiste de la photo Kirlian aurait une taille impressionnante et des couleurs extraordinaires dépassant celles des "humains" les plus avancés (2).

(2) *"Je l'ai vu, dimanche, debout sur le balcon donnant le « darshan » à ses fidèles qui chantaient. L'aura projeté par Swami n'était pas celle d'un homme ! Le blanc avait plus de deux fois la dimension habituelle ; le bleu était pratiquement sans limite ; et il y avait même des bandes dorées et argentées qui s'élevaient loin au-dessus de la maison jusqu'à l'horizon. Il n'existe aucune explication scientifique à ce phénomène."* (Propos tenus en 1987 par le Dr Franck G. Baranowski, cité par Peggy Mason et Ron Laing : "L'INCARNATION DE L'AMOUR", Éditions Sathya Sai France).

Mais ce n'est pas de cela dont il s'agit ici. Certes, l'enseignement donné par des grands Saints de cette envergure, qui apparaissent rarement dans l'histoire, semble-t-il, peut toucher des foules énormes et déclencher un très grand engouement et un mouvement de foi qui pourra faire entrer certaines personnes dans un vrai travail vertical, comme le firent les apôtres grâce à leur rencontre avec Jésus. Mais il peut aussi en encourager d'autres à rester des enfants qui n'iront pas au-delà de la dévotion, donc qui ne pourront pas effectuer le travail d'intégration dans les plans physique, émotionnel, intellectuel et spirituel dont nous parlons. Il est connu que la foi peut renverser des montagnes, et jouer en particulier un rôle essentiel dans les phénomènes de guérison ; mais elle ne met pas automatiquement en jeu un travail sur la conscience, et relève alors surtout du niveau socioculturel et de l'horizontalité.

Bien qu'il existe des maîtres de renom dans le christianisme, le judaïsme (kabbale), l'islam (soufisme), le bouddhisme, ou le vedantisme, ceux qui nous intéressent le plus ici sont ceux qui ont intégré en eux-mêmes différents courants spirituels, et qui sont capables de parler de leur spiritualité de manière synthétique et en mettant l'accent sur les prises de conscience qu'ils ont effectuées – c'est le cas de la plupart des "maîtres" cités dans ce livre, et qui ont été choisis, précisément, pour leur talent à établir des passerelles entre plusieurs religions et traditions, comme Yogananda (védantisme, christianisme), Dürckheim (christianisme, bouddhisme zen), Jean-Yves Leloup (catholicisme, christianisme orthodoxe, psychologie jungienne...), Oscar Ichazo (chamanisme, bouddhisme, soufisme, védantisme, taoïsme, alchimie...), etc.

b) Le cheminement avec le Maître

Il existe une littérature abondante sur la spécificité du travail avec un maître spirituel, mais Arnaud Desjardins est l'un de ceux qui a rassemblé le plus d'informations sur ce sujet depuis près de quarante ans, parce qu'il a commencé à travailler dans les Groupes Gurdjieff, lorsqu'il était jeune, tout en faisant de longs séjours dans une abbaye cistercienne, puis qu'il a, en tant que producteur d'émissions pour la télévision, rencontré de nombreux maîtres hindous, soufis, japonais, tibétains, et que sa relation avec eux a été, comme il l'a dit lui-même *"la grande affaire de sa vie"* (3), en particulier celle avec Swami Prajnanpad qui fut son gourou pendant sept ans, comme nous l'avons déjà vu. Deux ans avant son expérience ultime, celle qui l'a fait basculer et qui lui a permis de guider d'autres chercheurs à son tour, il publiait déjà le premier volume des *"Chemins de la Sagesse"*, dont l'un des premiers chapitres s'intitule "Trouver son Maître" (4), et la vingtaine d'ouvrages publiés depuis apportent des informations très riches sur l'importance déterminante de la relation maître-disciple et sur la rigueur des méthodes utilisées dans de nombreuses traditions pour parvenir, grâce à cette relation, à l'effacement de l'ego.

Pour Desjardins, ce qui est à la base de l'efficacité du travail du maître, c'est qu'il a été lui-même un disciple et qu'il a vu comment son propre maître procédait pour mener jusqu'au bout son travail "thérapeutique" consistant à faciliter la remontée progressive dans la conscience de son élève des tendances profondes, des désirs insatiables, des haines, des peurs et des contradictions qui constituent les noyaux durs de son ego afin qu'il puisse les voir lucidement pour ensuite les abandonner – travail difficile qui demande à la

---

(3) Arnaud Desjardins et Véronique Loiseleur : "L'AMI SPIRITUEL", opus cité.

(4) Arnaud Desjardins : "LES CHEMINS DE LA SAGESSE" (Volume I), La Table Ronde, 1969.

fois beaucoup d'amour, et une certaine forme de neutralité d'où la provocation n'est pas exclue, provocation que certains initiés appelle "le choc" (5) parce qu'il vise à déstabiliser l'ego.

Un autre aspect fondamental sur lequel insiste Desjardins est que *"c'est le disciple qui fait le maître"* (6), ce qui signifie que l'attitude d'ouverture du disciple à l'enseignement du maître et son désir de le mettre totalement en pratique sont des conditions absolument nécessaires pour que le travail entre eux se passe bien (7) ; tandis que si le disciple se trouve tout le temps en train de douter de la valeur de l'enseignement du maître et surtout de sa validité par rapport à ses propres besoins de transformation, il ne pourra jamais mettre en pratique quoi que ce soit, et les résistances de son ego ne seront jamais surmontées.

On est donc ici en face d'un **facteur de confiance et de foi dans le maître qui est essentiel pour que le disciple puisse effectuer l'intégralité du travail conduisant aux derniers degrés du niveau transper-**

---

(5) *"Si le terrain sur lequel s'assoient notre conscience naturelle et ses systèmes est ce qui déforme notre expérience de l'ÊTRE, le premier souci du maître doit être de l'ébranler par n'importe quel moyen. C'est pourquoi la manière d'agir du maître est parfois l'éclair dans le ciel serein, son langage le paradoxe, sa logique le contresens, sa tendresse le choc".* (Karlfried Graf Dürckheim : "LE MAÎTRE INTÉRIEUR", Le Courrier du Livre, 1980). Voir aussi Edwin C. Smith : *"Le Maître peut seulement aider chaque élève à atteindre son propre point de crise, devant lequel l'élève doit capituler sans qualification et sans hésitation."* ("LE CHEMIN DE LA FOI", Éditions du Relié, 1997).

(6) Arnaud Desjardins et Véronique Loiseleur : "L'AMI SPIRITUEL", opus cité (page 215).

(7) *"La Sadhana a été pour moi tout à fait simple, je n'ai rencontré aucune des difficultés que vous paraissez rencontrer : j'ai cru, de tout mon être et de toutes mes forces, que ce que disait mon gourou était vrai et c'est cette conviction qui a suffi à me libérer en deux ou trois ans"* (Nisargadatta Maharaj, cité par Arnaud Desjardins dans "POUR UNE MORT SANS PEUR", La Table Ronde, 1983).

sonnel. Cette confiance totale dans le maître extérieur, lorsqu'elle s'ancre dans l'esprit du disciple, est à l'origine de ce qui deviendra la découverte du maître intérieur (la conscience complètement éveillée) et du sentiment de plénitude qui va en résulter, car c'est à ce moment qu'il fera vraiment l'expérience d'un état d'unité qui pourra perdurer même lorsque maître et disciple seront séparés.

Il y a donc dans tout travail avec un maître une phase de dépendance qui se transforme peu à peu en autonomie, mais avec une intégration et une intériorisation des énergies et capacités du maître par son disciple lorsque ce dernier atteint sa complète maturité. Ce phénomène se reproduit à peu près de la même façon dans le mysticisme chrétien où l'identification au "maître éternel" (Jésus-Christ) joue un rôle prépondérant qui est censé rendre la référence à un maître extérieur inutile – sauf dans les monastères où le Père Abbé et la Mère Supérieure peuvent avoir, dans certains cas, une fonction équivalente à celle d'un "guide spirituel" pour les moines ou moniales qu'ils dirigent.

c) Ashrams et Monastères

L'Ashram est le lieu où vit le gourou en Inde et où il reçoit ses disciples, certains étant de passage, d'autres effectuant parfois de longs séjours. Les ashrams sont donc de taille variable, selon la notoriété du gourou et le rôle qu'il s'est assigné en choisissant de recevoir beaucoup ou peu de gens. Mais pour le vrai disciple, celui qui a choisi son maître et qui a été agréé par lui, et qui a donc dépassé le stade du tourisme spirituel que pratiquent de nombreux chercheurs hésitants à se fixer dans une voie précise, l'ashram est beaucoup plus qu'un simple lieu de vie : **c'est un lieu dans lequel s'effectue un travail intense et où les conditions de vie, les événements quotidiens, ainsi que les rapports avec les autres habitants permanents ou de passage, participent pleinement au travail spiri-**

tuel et aux menues vexations ou graves blessures d'orgueil que subit l'ego.

La plupart des personnes qui ont fait de longs séjours dans un ashram ont pu rendre compte de moments extrêmement forts — certains divins ou paradisiaques, d'autres à proprement parler infernaux — qu'elles y ont vécus et qui marquèrent pour elles des apprentissages très importants. Il en est de même avec les monastères chrétiens ou bouddhistes pour ceux qui y ont passé des moments significatifs de leur travail mystique.

d) Système pédagogique proposé par l'École Arica

Avant même que le phénomène des sectes ne vienne troubler le jeu du travail spirituel et de la confiance en ceux qui étaient chargés de guider ce travail depuis des millénaires, Oscar Ichazo a déclaré publiquement que l'humanité avait besoin d'une voie nouvelle conduisant à la réalisation de soi qui soit fondée sur la raison et non plus sur la foi [(8)]. C'est ainsi que l'École Arica qu'il a créée en 1970 propose une théorie sur la psyché et l'évolution humaines, fondée sur une métaphysique postulant l'existence de l'unité et sur une nouvelle logique qui démontre comment l'être humain peut trouver son unité en se dégageant des contraintes socioculturelles qu'il a subies et en neutralisant les mécanismes sur lesquels son ego s'est construit.

Les concepts fondamentaux de cette théorie sont évidemment les “FIXATIONS DE L'EGO”, et les “NIVEAUX DE CONSCIENCE” (l'École Arica utilisant, comme nous l'avons dit, une échelle de dix-huit niveaux) ; mais il y a aussi les

---

(8) Oscar Ichazo : “COMMENT SE LIBÉRER DE LA TYRANNIE DE L'EGO”, interview par Sam Keen publiée dans *Psychology Today*, juillet 1973 (Études Holistiques, 1986, 1995). Voir aussi “LE DÉFI DU CHANGEMENT”, interview par Alfie Fox, 1981 (Études Holistiques, 1996).

"PORTES DE COMPENSATION", qui sont des exutoires, ou dérivatifs, aux difficultés de la vie dans lesquels s'engouffre l'ego lorsqu'il souffre ou qu'il est stressé. C'est ainsi que tel type d'ego va avoir tendance à compenser certaines souffrances qu'il ressent lorsqu'il traverse une crise par la gloutonnerie, tel autre type par l'alcoolisme ou la toxicomanie, tel autre encore en sombrant dans la maladie... Et les correspondances entre fixations, niveaux de conscience, portes de compensation, et les autres concepts auxquels ils sont reliés, sont indiquées à l'aide de figures centrales dans la pensée systémique d'Arica, comme les ennéagrammes déjà mentionnés, que la logique trialectique conçue par Ichazo permet d'articuler entre eux.

De cette théorie, la "Protoanalyse", dont le but est d'analyser ce qui est essentiel en l'être humain, au-delà des clivages socioculturels et religieux, résulte une **méthodologie pratique du développement humain *"vers la clarification de la conscience et la réalisation de soi"* qui met en avant un travail de réduction de l'ego permettant à la personne de faire l'expérience de niveaux de conscience de plus en plus purs au fur et à mesure qu'elle se libère de ses conditionnements et de ses attachements**.

Le processus évolutif est pratiquement le même que celui qui a été décrit plus haut, mais les méthodes proposées ne reposent plus sur la foi et sur l'obéissance au maître, mais sur une "philosophie intégrale" (9) et un ensemble de connaissances clairement identifiables grâce à des cartes avec lesquelles il devient possible de se repérer dans le travail vertical, le tout faisant l'objet de formations de groupe et de formations individuelles autogérées conçues par Ichazo et structurées en neuf niveaux d'enseignement.

(9) Oscar Ichazo : "JE SUIS À LA RACINE D'UNE NOUVELLE TRADITION", Interview par Dorothy De Christopher publiée dans *The Movement Newspaper*, mai 1981 (Études Holistiques, 1996).

Au chapitre II, nous avons vu que, lorsqu'il était enfant, Oscar Ichazo avait vécu des crises cataleptiques où son corps restait rigide alors que sa conscience partait dans le monde astral sans qu'il puisse contrôler quoi que ce soit. Nous avons vu aussi que ces crises l'avaient tant effrayé qu'il n'en avait pas parlé à ses parents ; mais elles lui avaient donné une forte motivation pour essayer de comprendre ce qu'elles signifiaient, et dès qu'il apprit à lire, il étudia des livres médicaux dans l'espoir d'y trouver les explications qu'il cherchait. Très déçu de constater que la science officielle ne connaissait rien sur les états qu'il avait traversés, il avait entrepris des études scientifiques et philosophiques occidentales tout en faisant l'expérience de nombreuses voies spirituelles, des initiations chamaniques des Indiens des Andes jusqu'aux traditions ésotériques du Bouddhisme, du Soufisme, du Taoïsme, du Confucianisme, de l'Alchimie, qu'il avait étudiées au cours de plusieurs voyages en Orient. Cela lui avait permis de vivre les transformations impliquées par les différents niveaux de conscience qu'il avait explorés jusqu'à sa réalisation finale [10], tout en comprenant intellectuellement les processus de désidentification et de lâcher-prise par lesquels il est obligatoire de passer lorsqu'on approche de l'illumination.

C'est donc à partir de ses expériences personnelles qu'Ichazo a pu concevoir sa théorie “Protoanalytique” qui fournit au chercheur différentes grilles de lecture favorisant l'auto-observation de ses processus égotiques, cette grille remplaçant l'analyse et l'évaluation effectuées intuitivement par le maître. C'est pourquoi Oscar Ichazo a toujours dit que la nouvelle voie qu'il proposait était une voie “gnostique” (du grec *gnosis*, connaissance), une voie fondée sur la connaissance objective des lois de l'évolution, et non sur la foi en un maître ou en un dogme révélé.

---

(10) Oscar Ichazo : “L'ENNÉAGRAMME ET NOTRE TRIPLE FIXATION ÉGOTIQUE”, Études Holistiques, 1997.

Il existe cependant un moment du processus de transformation où l'énergie du maître ne peut pas être remplacée par des connaissances, aussi élaborées soient-elles : c'est lorsque le travail spirituel commence à toucher les "noyaux durs" de l'ego, et que celui-ci résiste par tous les moyens qui sont à sa disposition aux tentatives qui sont faites pour le déstabiliser et le réduire. La présence d'autres personnes est alors nécessaire, mais elles doivent avoir les capacités requises. Dans l'École Arica, dans les derniers niveaux de l'enseignement, d'autres élèves engagés dans le même travail peuvent jouer ce rôle d'évaluateur du chercheur lorsqu'elles se situent avec lui sur un pied d'égalité, l'ego de l'évaluateur pouvant aussi être réduit.

Un facteur très important de co-évolution dans la co-responsabilité est le travail en équipe où les différents membres sont d'accord sur un même projet (ce qui suppose un travail important de clarification des objectifs, et un processus ouvert d'interaction et de communication) en même temps qu'ils sont solidaires du travail effectué et qu'ils se sentent concernés pour l'améliorer ; plus le but de l'équipe est élevé et finalisé par la réalisation de soi, ce qui correspond tout à fait à l'engagement traditionnel du Bodhisattva qui ne recherche pas l'illumination pour lui-même mais pour toute l'humanité, meilleure est la coopération entre les membres, car le processus de chacun s'en trouve facilité ou accéléré.

e) Structuration du travail Arica

L'École Arica ne repose pas sur la présence d'un maître chargé de guider les élèves vers les niveaux de réalisation de soi, et Oscar Ichazo a toujours affirmé qu'il ne voulait être un guide personnel ni un modèle pour aucun Aricain [11].

(11) *"Un gourou est un être totalement réalisé qui devient un modèle pour ses disciples, quelqu'un qui donne l'exemple et que l'on suit. L'approche*

En revanche, c'est bien lui le *"maître-enseignant"* de l'École qu'il a créée et dont toutes les activités pédagogiques sont rigoureusement codifiées et structurées par lui.

Une première dimension du travail Arica concerne **l'enseignement de groupe** de l'École animé par des instructeurs certifiés. Cet enseignement porte sur les trois premiers niveaux du cursus d'Arica (ou *"ligne de l'École"*), comportant six formations de groupe de 2 à 15 jours chacune, et sur un ensemble de séminaires de 1 ou 2 jours qui sont indépendants de ce cursus. Tout ce travail de groupe a la caractéristique générale d'être composé d'activités pédagogiques qui mobilisent tour à tour le PLAN INTELLECTUEL (apport d'informations théoriques), le PLAN PHYSIQUE (techniques respiratoires, relaxations, massages, gymnastiques et divers exercices mettant en jeu le mouvement), le PLAN ÉMOTIONNEL (partage du vécu effectué en petits groupes), et le PLAN SPIRITUEL (méditations et visualisations).

Une deuxième dimension concerne le **travail individuel** qui est essentiel pour l'intégration de l'enseignement. Cette dimension se manifeste à travers deux types d'outils très différents :

- La pratique quotidienne du matin et/ou du soir, composée d'exercices physiques, de répétitions mantramiques et de méditations, et dont il existe une version courte et une version plus longue ;

---

d'Arica est très différente, car nous ne proposons pas de modèle ; nous proposons à chacun des moyens de se comprendre soi-même dans son processus d'évolution, sans qu'il soit nécessaire pour cela de le guider personnellement. En ce qui me concerne, je me trouve bien dans la position d'un guide, mais d'un guide pour l'École considérée comme un tout. Je ne fais pas de travail personnel avec les gens. Je ne travaille qu'avec des groupes d'Aricains, précisément pour dépasser le stade d'un enseignement personnel, et pour jouer mon rôle de guide de l'École dans son ensemble. Mais je ne suis pas un guide personnel. En outre, je ne me propose pas comme un exemple ; j'ai dit souvent, très souvent, que je ne suis pas un exemple en quoi que ce soit et pour qui que ce soit" (Oscar Ichazo : "CONSTRUCTION D'UNE ÉCOLE MYSTIQUE", interview par Susan Lydon, 1978 - Études Holistiques, 1983).

- une douzaine de formations individuelles autogérées de 20 à 160 jours chacune, en raison d'une à deux ou trois heures de travail par jour, qui constituent les niveaux d'enseignement 4, 5, 6, 7 et 8 du cursus d'Arica (*ligne de l'École*) – mais le neuvième et dernier niveau n'a pas encore été donné.

Une troisième dimension du travail d'Arica est constituée par un **rituel effectué en petits groupes autogérés** (ne dépassant pas huit personnes), qui se réunissent une fois par semaine ou par quinzaine pour un exercice d'une heure qui s'intitule *"le travail des Octogones"*.

Une quatrième dimension concerne enfin un **travail de groupe autogéré** d'élèves d'Arica vivant dans la même localité et qui se réunissent une fois par mois pour effectuer ensemble des exercices appartenant à la routine quotidienne, plus quelques méditations extrêmement sophistiquées, l'ensemble étant regroupé dans ce qu'il est convenu d'appeler *"le Jour de l'Unité d'Arica"*.

Tout ce travail porte sur les concepts de la théorie d'Arica, dont les paramètres de base des *fixations*, des *niveaux de conscience*, et des *portes de compensation*, cités précédemment sont présentés dans trois séminaires, appelés "Séminaires Protoanalytiques", qui constituent maintenant l'entrée la plus claire dans le système Arica. **La Ligne de l'École avec ses neuf niveaux d'enseignement, la routine quotidienne individuelle, ainsi que les rituels hebdomadaires et mensuels qui rythment la vie des Aricains, constituent trois voies indépendantes de réalisation de soi, mais leur combinaison accélère le processus d'évolution et le rend plus dynamique.** Un moment arrive alors où "l'École" n'est plus limitée par les murs d'une salle de formation ou d'un emplacement personnel consacré à la méditation : la ville, le milieu de travail, la voiture, le train ou le métro deviennent les lieux multiples où le travail spirituel propre à la "sadhana" s'accomplit.

Un autre aspect fondamental, spécifique de l'École Arica, est son fonctionnement démocratique, ce qui se traduit par l'élection de ses dirigeants (huit Directeurs qui composent le Conseil d'administration de l'École) qui sont renouvelables tous les deux ans, et celle des membres d'un Conseil d'éthique (12) qui est chargé de veiller à ce que les buts spirituels d'Arica ne soient pas trahis au profit de buts personnels ou d'intérêts matérialistes. Mais, en outre, une "Charte des Statuts de l'École Arica" donne à l'École, en tant qu'institution publique, une cohésion interne qui lui permet de se gouverner elle-même conformément aux buts transcendantaux qui sont les siens (13).

f) Les formules mixtes

À propos du travail dans la verticalité, il y a donc d'un côté le travail approfondi avec un maître qui correspond à des traditions millénaires propres à l'Orient et à l'Extrême-Orient, où la respectabilité des maîtres est d'autant mieux garantie qu'elle repose sur un système de filiation rigou-

(12) Oscar Ichazo : "FONDEMENTS ÉTHIQUES DE L'ÉCOLE ARICA" (Études Holistiques, 1996).

(13) *"La Charte des Statuts est d'une extrême importance car c'est la première fois dans l'histoire de l'humanité que le mysticisme, qui reposait jusque là sur la volonté et la décision de l'individu et relevait par conséquent d'un processus subjectif et nécessairement solitaire, se fonde sur une prise de responsabilité commune et sur la structure démocratique d'une École Mystique. Cette formule permet d'écarter la notion d'autorité suprême dont seraient investis des individus, et qui se fonde nécessairement sur des dogmes révélés et sur des croyances. Désormais l'autorité morale dont est investie l'École mystique permet d'élargir le processus à l'humanité, laquelle, grâce à une connaissance objective de la science des Gnoses Divines (gnoséologie), devient responsable de son propre cheminement vers l'illumination*" (Oscar Ichazo : "LA CHARTE DES STATUTS DE L'ÉCOLE ARICA", Lettre datant de 1993 citée dans "FONDEMENTS ÉTHIQUES DE L'ÉCOLE ARICA", opus cité).

reux, tandis qu'en Occident, dominé par le judéo-christianisme, on accorde généralement plus d'importance au "maître éternel" qu'au "maître extérieur", ce dernier n'ayant qu'une importance relative lorsqu'il existe, dans les monastères, par exemple.

Et il y a d'un autre côté un système éducatif complet où l'action traditionnelle du maître est remplacée par une organisation du travail spirituel très structurée et comportant différentes dimensions qui mettent en jeu tour à tour le travail individuel, le travail en petits groupes (ou en équipes), et celui en grands groupes, et où les interactions entre les élèves relèvent d'une gestion démocratique des énergies obéissant à des critères éthiques précis.

Entre ces deux pôles, dont le second apparaît pour la première fois dans l'histoire de l'humanité, il existe de nombreuses formules mixtes combinant ou alternant l'action d'un maître (mort ou vivant) et une organisation pédagogique plus ou moins complexe. C'est le cas, par exemple, du Bouddhisme tibétain et du Bouddhisme zen qui combinent effectivement depuis des siècles les deux formules de manière équilibrée ; c'est le cas également de certains groupes de Chrétiens charismatiques contemporains très dynamiques, ou celui de l'Anthroposophie, créée par Rudolf Steiner (1861-1925), qui se veut être *"un chemin de connaissance qui tente de conduire du spirituel dans l'homme au spirituel dans l'univers"*.

Il existe à ce sujet un tel foisonnement de traditions spirituelles, de mysticismes religieux, et de groupes ou groupuscules proposant un enseignement orienté vers la transcendance, que leur analyse sort très largement du cadre qui a été fixé à cette étude. Ce qu'il est important d'examiner c'est le degré d'avancement des "maîtres" qui sont (ou ont été) à leur tête, et d'évaluer si les systèmes éducatifs qu'ils ont créés ont permis ou non de former des êtres qui ont atteint les plus hauts degrés du niveau transpersonnel ou qui s'en sont suffisamment rapprochés pour que l'on puisse prendre en considération le chemin de transformation qu'ils ont suivi. Mais il est évident que nous avons sur ce sujet encore peu d'informations synthétiques sortant du cadre d'une religion ou d'une tradition.

g) Résistances institutionnelles à l'enseignement impulsé par le maître

Il y a en général une grande unité entre un être réalisé, l'enseignement qu'il donne, et même le public auquel cet enseignement est destiné ; qu'il s'exprime oralement ou par écrit, le maître a toujours l'inspiration qui convient pour dire aux personnes auxquelles il s'adresse ce qui va leur permettre de bouger, pour commencer à se transformer. Le problème est que le maître n'est pas seul, mais qu'il a autour de lui des disciples plus ou moins avancés, des élèves plus ou moins convaincus, parmi lesquels certains se sont portés volontaires pour "servir" de manière bénévole l'enseignement qu'il donne, ne serait-ce que pour présenter et vendre ses livres, organiser les réunions, répondre au courrier, etc.

C'est ainsi qu'une structure est créée autour du maître, et que celle-ci peut rapidement devenir une véritable "institution" ayant son pouvoir spécifique et sa propre organisation. Or, cette structure, conçue au départ pour aider le maître, est souvent, pour ne pas dire toujours, ce qui va en même temps ralentir son action en y introduisant de nombreux ferments de contradiction. Les raisons ne sont pas difficiles à trouver, puisque, par la force des choses, le maître, qui a une bonne expérience du quatrième niveau (ou alors c'est qu'il s'agit d'un imposteur), est entouré de gens qui se trouvent surtout au premier et au deuxième niveaux, et qui vont donc contaminer le système d'organisation ainsi créé par leurs propres structures égotiques faites de croyances, d'immaturité, de dogmatisme, de besoin de sécurité, de fanatisme, de rivalités, d'autoritarisme... toutes choses qui risquent de nuire considérablement à la mission éducative au service de laquelle l'institution dont ils font partie est censée se consacrer.

Il n'est pas inutile de rappeler ici qu'en 1911, Jiddu Krishnamurti avait été placé, lorsqu'il avait quinze ans, à la tête de "l'Ordre de l'Étoile d'Orient", par deux théosophes célèbres, Annie Besant et Charles Leadbeater, qui étaient ses protecteurs. Dix-huit ans plus tard, en 1929, Krishnamurti dissolvait l'Ordre de l'Étoile en prononçant ces paroles terribles : *"Je maintiens que la Vérité est un pays sans chemin et que vous ne pouvez l'approcher par aucune voie quelle qu'elle soit, ni par aucune religion, ni aucune secte... Il est impossible d'organiser une croyance... Si vous le faites, elle devient morte, cristallisée ; elle devient un credo, une secte, une religion que l'on impose aux autres. La Vérité ne peut descendre au niveau de l'individu ; c'est plutôt à l'individu de faire l'effort pour se hisser vers elle. (...) Je ne veux appartenir à aucune organisation de type spirituel... Si une organisation est créée dans ce but, elle devient une béquille, une faiblesse, une servitude qui va altérer l'individu et l'empêcher de croître, de donner de la valeur à ce qui le rend unique et qui réside dans la découverte par soi-même de cette Vérité absolue et inconditionnelle... Dès que vous suivez quelqu'un, vous cessez de suivre la Vérité"* (14).

La vision de Krishnamurti était extrêmement décapante par rapport à beaucoup d'idées reçues, et elle a effectivement secoué un grand nombre de gens. Mais elle était en même temps très désespérante, car elle laissait entendre qu'il y avait un niveau inférieur (le niveau socioculturel), un niveau supérieur (le niveau transpersonnel), et rien entre les deux, ce qui réduisait à néant toute possibilité de méthodologie éducative fondée sur un cheminement, une progression. Dans un tel système, toute organisation spirituelle était inutile, nuisible même, et l'on n'avait point besoin de "maîtres" – ce qui n'a pas empêché des milliers de gens de

(14) Propos de Krishnamurti cités par Jacques Pialoux : "L'ÂME DU DRAGON - Précis d'Astrologie Énergétique et Ésotérique", Fondation Cornélius Celsius Éditeur (Erde, Valais, Suisse), 1977.

lire ou d'écouter les enseignements de Krishnamurti... mais ne leur a peut-être pas permis d'atteindre "l'illumination".

À partir du moment où l'on reconnaît que des maîtres spirituels existent et qu'ils peuvent avoir un enseignement valable à transmettre, des organisations adéquates doivent donc être conçues, et il fait totalement partie du chemin spirituel d'essayer de ne pas tomber dans les pièges institutionnels qui en jalonnent le parcours, ou au moins de déceler de quoi de tels pièges sont constitués... lorsqu'on s'est laissé prendre par eux. Quant au maître, il est généralement le premier à être conscient des paradoxes qu'il doit assumer à propos de la structure qu'il a construite – ou qu'il a laissé se construire – autour de l'enseignement qu'il a créé ; car il sait pertinemment que ceux qui se proposent de l'aider seront aussi ceux qui, avec la meilleure volonté du monde et la plus totale dévotion, lui mettront des bâtons dans les roues. Aussi a-t-il tout lieu d'être satisfait lorsqu'il constate que ceux qui travaillent avec lui ou qui l'assistent progressent dans leur propre cheminement, par exemple en accédant au troisième niveau : alors l'institution elle-même commence-t-elle à transcender les problèmes relationnels inhérents aux frottements égotiques existant entre ses membres.

2. Les outils du travail vertical

Nous ne citons ici ce thème que pour mémoire, car il est évident qu'il ne peut pas y avoir de méthodes de travail dans la verticalité sans outils relevant spécifiquement de telle ou telle méthode – et nous en avons déjà cité un certain nombre. Il existe en fait une si grande quantité d'outils, qu'il est nécessaire de les classer en différentes catégories, comme celle des quatre plans qui est pour nous un modèle holistique d'une grande valeur pratique parce qu'il est directement en rapport avec les grandes dimensions du travail dans la verticalité, tout en convenant également à celui qui s'effectue dans l'horizontalité.

Ainsi trouvons-nous des outils qui relèvent du plan physique, d'autres du plan émotionnel, et des outils relevant du plan intellectuel ou du plan spirituel — et nous avons consacré trois livres à ce sujet, *"FORMER AUTREMENT - Apprentissages intellectuels, langage, et structuration des connaissances"* (15), *"ANIMER AUTREMENT - Clés pour une pratique holistique de la pédagogie"* (16), et *"DOUZE FICHES PÉDAGOGIQUES SUR LES PLANS FONDAMENTAUX DE L'ÊTRE"* (17), dans le but de montrer qu'une éducation qui prend en compte l'être humain dans sa totalité, au lieu de le considérer seulement comme un intellect qu'il faut bourrer de connaissances spécialisées, va automatiquement mais de manière naturelle dans le sens d'un développement global de la personne où se combinent nécessairement le travail horizontal et le travail vertical.

Bien qu'ils n'utilisent pas les mêmes concepts, mais ceux de *"plans constitutifs de l'être humain — corps, psyché, esprit"*, les disciples d'Arnaud Desjardins et de Kalfried Graf Dürchkeim évoquent souvent des exercices combinant harmonieusement le travail corporel, le travail émotionnel, le travail intellectuel et le travail spirituel, qui venaient rythmer le déroulement des journées dans les centres où ils venaient suivre l'enseignement de leur "maître" (18).

---

(15) Olivier Clouzot : "FORMER AUTREMENT – Apprentissages intellectuels, langage, et structuration des connaissances", Les Éditions d'Organisation, 1990 – ouvrage actuellement diffusé uniquement par l'auteur.

(16) Olivier Clouzot : "ANIMER AUTREMENT – clés pour une pratique holistique de la pédagogie", Les Éditions d'Organisation, 1992 – ouvrage actuellement diffusé uniquement par l'auteur.

(17) Olivier Clouzot : "DOUZE FICHES PÉDAGOGIQUES SUR L'INTÉGRATION DES PLANS FONDAMENTAUX DE L'ÊTRE DANS L'ENSEIGNEMENT ET LA FORMATION", Études Holistiques, 1998.

(18) À propos du centre de Hauteville créé en 1995 par Arnaud Desjardins, l'un de ses élèves écrit : *"Il est un aspect original de la vie à Haute-*

Ce type de classement a un autre avantage, très important. Il permet d'évaluer rapidement les voies spirituelles qui, souvent sans que ses membres s'en rendent compte, proposent un travail déséquilibré dans lequel certaines dimensions humaines fondamentales sont oubliées, occultées : c'est le cas, par exemple, lorsque des gens se réunissent régulièrement pour méditer, ce qui constitue une activité du plan spirituel, mais qu'ils ne pensent pas à équilibrer ce travail avec des activités d'expression de soi et de partages du vécu, ce qui laisse en friches le plan émotionnel. Comme les activités de méditation ont souvent pour effet de faire monter de l'inconscient des émotions ou des sentiments qui avaient été refoulés, et que leur intensité est multipliée par l'énergie de groupe, elles devraient normalement être suivies d'activités (comme le récit d'apprentissage) permettant d'exploiter ce début de libération émotionnelle afin d'en faire bénéficier le développement conscient du sujet.

En réalité, le travail dans la verticalité ne mérite vraiment son nom que lorsqu'il combine de manière équilibrée des outils qui tantôt dynamisent ou relaxent le corps, tantôt permettent aux émotions de s'exprimer et de se pacifier, et qui sont centrés tour à tour sur l'activation et sur la mise au repos des facultés intellectuelles. Sans cette combinaison, ou cette alternance, il peut faire plus de mal que de bien et créer des habitudes, voire des déséquilibres psychiques, qui seront ensuite très difficiles à corriger. Il faut remarquer à ce

---

ville sur lequel je voudrais insister ; ce triple travail corps-âme-esprit n'est directement dépendant d'aucune doctrine religieuse particulière. Cependant y est cultivé ce qui fait le cœur de toutes les religions, cœur auquel toutes ramènent. À travers tout ce qui se vit à Hauteville où séjournent des catholiques convaincus, des juifs, des musulmans et des agnostiques, chacun peut retrouver le sens profond de sa propre religion s'il est attaché à une doctrine ou un rituel particuliers, et sinon découvrir peu à peu l'esprit qui inspire toute religion authentique." (Jean Marchal : "HAUTEVILLE, DE LA CHRYSALIDE AU PAPILLON", n° 111 de la revue QUESTION DE consacré à Arnaud Desjardins, Albin Michel, 1998).

propos que l'Occident a tendance à imposer ses valeurs matérialistes jusque dans le travail spirituel, et il arrive que des pratiquants de yoga qui ont surdéveloppé le plan physique, avec leurs exercices yoguiques et une attitude obsessionnelle vis-à-vis d'une alimentation diététique, macrobiotique ou végétarienne, soient en même temps assez bloqués émotionnellement, ce qui développe chez eux une certaine rigidité du caractère qui les empêche de faire une expérience profonde des niveaux 3 et 4, malgré le temps qu'ils consacrent à leur sadhana.

Il faut cependant remarquer que les modes d'utilisation de ces outils sont très différents selon le niveau de conscience dans lequel on travaille. Pour les niveaux 1 et 2, la **diversité des outils et de leurs modes d'utilisation** est presque une valeur en soi garantissant l'intérêt que l'on accorde au travail de développement et renforçant la motivation des apprenants, alors qu'à partir du niveau 3 c'est au contraire grâce à la **répétition** que certains outils privilégiés, particulièrement favorables au travail vertical vont pouvoir exprimer leurs vraies qualités pédagogiques. Par exemple, il est bien connu que, dans les arts martiaux, l'entraînement fondé sur la répétition des mêmes gestes est un facteur essentiel de progrès parce que ces gestes deviennent ainsi automatiques et complètement intégrés dans le comportement, tandis que dans le Zen, c'est la qualité même de la posture de méditation qui s'affine au fur et à mesure que le méditant s'efforce chaque jour de la pratiquer.

Un outil bien connu du travail spirituel est le *mantra*, qui est une répétition de phrase ayant une signification sacrée : Krishnamurti a critiqué ce genre de répétitions en disant qu'elles créaient un état d'hébétude et d'endormissement, ce qui est vrai dans certains stades d'apprentissage de la répétition mantramique, mais il est important de persévérer afin de dépasser ce stade et de retrouver un esprit alerte, comme le préconisent de nombreuses méditations boud-dhistes telles que la *méditation samatha* évoquée au chapitre II (page 50). Le travail vertical propre aux troisième et quatrième niveaux consiste à briser les habitudes de l'ego, qui est avide de changements qui sont pour lui synonymes de distractions – cela ne peut valablement se faire qu'en apprenant à remplacer d'anciennes habitudes convenant à l'ego par des habitudes nouvelles qui mettent à nu (et à vif) ses mécanismes, et la pratique régulière d'exercices conçus pour atteindre ce but est un moyen indispensable pour y parvenir.

3. Condition primordiale du travail dans la verticalité

a) Concepts méthodologiques et métaphysiques de base

Nous touchons ici la pierre angulaire de tout le système présenté dans ce livre. Sans les concepts que nous allons maintenant aborder, il est évident que les informations que nous avons développées jusqu'ici n'ont aucun intérêt pratique, pour la simple raison qu'il n'y aura personne pour les utiliser.

Le travail vertical, tel que nous l'avons défini, n'existe en effet que pour des personnes qui sont conscientes de sa valeur et de son intérêt. Il peut se faire longtemps sans qu'elles soient complètement lucides à son sujet, mais un jour arrive ou doit arriver où elles se rendent compte de ce qui s'est réellement passé, même si elles disent par exemple qu'elles n'ont rien fait elles-mêmes, sinon être un pur canal de la volonté de Dieu. Ce type de discours n'est pas vraiment compatible, sur un plan de logique formelle, avec l'optique que nous cherchons à développer ici, mais reconnaissons que l'on peut néanmoins s'en accommoder, et apprendre beaucoup de choses des personnes qui voient leur processus de cette façon.

Notre propos sera cependant bien plus clair si l'on accepte de mettre en avant l'individu qui accomplit ce travail vertical et de le considérer comme un APPRENANT, c'est-à-dire comme quelqu'un qui est engagé dans un PROCESSUS D'APPRENTISSAGE qui est en même temps un PROCESSUS DE DÉVELOPPEMENT concernant sa vie entière.

La méthodologie du système dans lequel nous travaillons a été largement exposée dans notre premier ouvrage *"APPRENDRE AUTREMENT - Clés pour le développement personnel"* (19), qui définit sept facteurs bipolaires de l'apprentissage, auxquels tout apprenant a spontanément recours lorsqu'il apprend quelque chose qui est important pour lui.

Je rappelle que ces facteurs sont :

1. la motivation / la résistance au changement,
2. le plaisir / la douleur,
3. la liberté / la contrainte,
4. l'expérience concrète vécue sur le terrain / la théorisation, l'abstraction, la conceptualisation,
5. le rôle de l'information (information intérieure / information extérieure),
6. le rôle de l'autre (l'autre appui / l'autre obstacle),
7. le rôle du groupe (groupe homogène / groupe hétérogène),

mais ils n'ont pas tous la même importance pour tous les apprenants, et le fait que certains d'entre eux soient utilisés ou non définit pour chacun ce que l'on peut appeler un "style d'apprentissage" caractéristique d'un certain tempérament.

À la base de cette méthodologie, dans laquelle l'apprentissage devient la dimension essentielle de notre vie et qui

---

(19) Olivier Clouzot et Annie Bloch : "APPRENDRE AUTREMENT - Clés pour le développement personnel", Les Éditions d'Organisation, 1981, 1984, 1987, 1990 - Livre de Poche, 1997.

débouche sur une éthique de la responsabilité, il existe une question métaphysique fondamentale, la question métaphysique traditionnelle : *"Qui sommes-nous en tant qu'êtres humains"* qui, posée à la première personne, devient : ***"Qui suis-je en tant qu'apprenant ? Qu'est-ce que j'apprends pour me développer et pour aller au bout de moi-même et de mes possibilités ?"*** (20).

b) Modèles/programmes de développement

On peut répondre à la question précédente dans le cadre d'une croyance ou d'une foi, mais la réponse sera encore plus claire si l'on fait une hypothèse sur ce qu'est le développement humain, et si cette hypothèse nous paraît suffisamment intéressante pour qu'on se donne les moyens d'essayer de la vérifier dans une action pratique – démarche hypothético-déductive sur laquelle la science occidentale s'est fondée. C'est cette perspective dans laquelle nous nous sommes placés, et les quatre niveaux de conscience exposés et illustrés dans ce livre constituent un modèle de développement sur lequel nous avons travaillé pendant de nombreuses années

C'est ainsi que ce modèle indique l'atteinte du quatrième niveau comme un but d'évolution qui peut être choisi consciemment et qui implique un véritable programme de développement, avec des moyens, des méthodes, et des "expériences pour voir", qui constituent un facteur essentiel de l'apprentissage, ce qui n'exclut pas la confrontation de ces expériences pratiques avec une réflexion faisant l'objet d'une théorisation (21).

---

(20) Voir le chapitre 5.2 *"Métaphysique et éducation de la Conscience"* dans "ANIMER AUTREMENT", opus cité.

(21) Voir "APPRENDRE AUTREMENT", chapitre 3.4 où "l'expérience vécue sur le terrain" et "l'intellection, l'abstraction" constituent les deux pôles complémentaires du quatrième facteur de l'apprentissage.

Nous sommes donc très loin d'une attitude très répandue dans certaines approches du mysticisme qui refusent absolument l'intellect parce qu'elles le jugent contradictoire avec une ouverture du cœur, attitude dogmatique qui est caractéristique des lois d'identité, de contradiction et du tiers exclu de la logique formelle. Alors qu'une démarche fondée sur le respect des lois de l'apprentissage relève de la trialectique [(22)] qui analyse toute chose en termes de PROCESSUS, dans lequel les pôles opposés ne sont nullement contradictoires puisque ce sont eux qui permettent une circulation d'énergie grâce à laquelle le processus lui-même peut continuer et aller jusqu'à son terme en passant par des stades intermédiaires de transformation.

C'est ainsi que le modèle que nous préconisons, et qui ressemble au modèle des 24 heures de la journée, avec son passage du jour à la nuit et réciproquement, implique d'abord le développement de l'ego, puis son effacement, alors que les voies spirituelles qui font de l'ego un ennemi qui doit absolument être détruit reviennent souvent à vouloir transformer un enfant en adulte sans accepter qu'il passe par la phase intermédiaire de l'adolescence – peut-être ne faut-il pas chercher plus loin la raison pour laquelle il y a encore si peu d'individus ayant atteint le niveau transpersonnel.

c) Rappel des concepts mis en jeu dans le travail vertical

Le point de vue présenté dans ce livre met donc en jeu quatre concepts fondamentaux : l'**apprenant** engagé dans

(22) Voir Olivier Clouzot : "ENSEIGNER AUTREMENT : des Logiques éducatives à la transparence pédagogique" (1989 - *épuisé*), et l'ouvrage qui l'a remplacé, "ÉDUCATION POUR LE TROISIÈME MILLÉNAIRE" (Éditions Holistiques, 1999).

le travail vertical, le **modèle de développement utilisé** avec ses quatre niveaux de conscience séparés par trois crises, qui constitue le chemin à parcourir au cours du travail vertical, le **but final** de ce travail constitué par le quatrième niveau, et le **processus réel** vécu par l'apprenant dans son cheminement.

On pourrait parler aussi du *voyageur mystique*, du *chemin à parcourir*, du *but du voyage mystique*, et du *voyage réel* qui est accompli – ce deuxième langage est en effet tout à fait compatible avec le précédent, mais il est essentiellement d'ordre analogique et ne permet pas d'aller aussi loin que le premier dans la mesure où l'accent mis sur le “voyageur”, plutôt que sur l'apprenant, ne permet pas de se référer aux lois de l'apprentissage et à la logique qui les sous-tend, concepts que l'apprenant peut comprendre à n'importe quel stade de son apprentissage, à partir du moment où ces concepts lui sont clairement expliqués. Cela va constituer pour lui un atout très important pour comprendre son processus, pour en rendre compte, et pour le comparer à celui d'autres apprenants, qui deviennent alors naturellement pour lui des “compagnons de route”, quelle que soit par ailleurs la disparité des voies spirituelles ou religieuses concernées. Un autre avantage du premier langage sur le second est qu'il est aussi valable pour parler des apprentissages horizontaux que des apprentissages verticaux, ce qui est un facteur de dédramatisation pour ces derniers qui sont généralement perçus comme inutiles ou dangereux au niveau socioculturel, alors qu'ils sont tout aussi nécessaires que les apprentissages horizontaux à la vie d'un être humain digne de ce nom.

Avec les quatre concepts définis plus haut, plus ceux qui rendent compte des lois de l'apprentissage et des facteurs qui permettent de les décrire, nous nous trouvons dans un domaine intellectuel d'une grande clarté, dont tous les éléments sont non-contradictoires et compatibles entre eux parce qu'ils relèvent tous du développement humain dans ses dimensions à la fois extérieures et intérieures – toute personne qui a lu les récits d'apprentissage publiés dans "APPRENDRE AUTREMENT" peut comprendre notre raisonnement et en tirer parti immédiatement [23].

d) Le rôle fondamental de l'apprenant

Nous l'avons déjà dit, mais il faut insister : tout le travail qui est proposé ici repose sur l'APPRENANT et sur le rôle actif qu'il doit y jouer. **Dans le travail vertical, l'apprenant est totalement responsable de l'intégralité de son processus et des moyens qu'il a mis en œuvre pour avancer**. Sans cette responsabilité, il restera prisonnier des préjugés qui règnent dans le niveau socioculturel et il courra le risque de n'être qu'un amateur velléitaire dans toute exploration des niveaux de conscience supérieurs qu'il aura entreprise volontairement ou par accident.

Arnaud Desjardins, souvent cité dans ce livre, n'a pas adopté la même démarche que la nôtre dans la mesure où il met surtout l'accent sur le travail mystique qui est effectué avec un "maître", un "gourou", mais il est extrêmement ferme, comme nous l'avons déjà vu, sur le fait que *c'est le disciple qui fait le maître*, donc que c'est à lui, et à personne d'autre, qu'il appartient de s'engager délibérément sur le chemin de la transformation intérieure ; le maître va le guider, mais il ne peut évidemment pas faire le travail à sa place. Desjardins dénonce sans ménagement les personnes qui veulent *"avoir un maître"* [24], comme on a quelqu'un à sa disposition, un maître qui va les aimer, les cajoler, les consoler, ou mieux encore les décharger, de leur malheurs extérieurs et de leur misères intérieures, sans avoir d'ef-

(23) Le fait que cet ouvrage soit publié en Livre de Poche depuis le début de 1997 a l'avantage de placer le modèle de l'apprentissage qui y est présenté à la disposition d'un plus grand nombre d'apprenants.

(24) Arnaud Desjardins et Véronique Loiseleur : "L'AMI SPIRITUEL", opus cité.

forts à faire ni de responsabilités personnelles à assumer : cette attitude, qu'il dit être beaucoup plus répandue qu'on ne croit, surtout chez les Occidentaux qui fréquentent les ashrams de l'Orient, ne correspond pas du tout à un travail vertical, mais à ce qu'il appelle du "tourisme mystique". Le fait d'être un vrai disciple qui respecte son maître et lui obéit n'est donc pas du tout incompatible avec celui d'être un apprenant responsable, et nous nous sommes souvent référé au rôle de l'Autre, et au rôle du Maître qui en fait partie, comme constituant l'un des facteurs fondamentaux de l'apprentissage, mais un facteur qui est plus essentiel pour certains apprenants que pour d'autres.

Cela veut dire qu'il existe également des apprenants pour lesquels le rôle de l'Autre n'est pas déterminant, et qui vont plutôt fonder leurs apprentissages verticaux sur le travail avec une école où le rôle d'une information structurée et la gestion des énergies de groupe seront pour eux des facteurs plus importants dans la mesure où c'est surtout grâce à eux qu'ils pourront progresser. Cela n'implique pas que "l'Autre", les autres, ne jouent aucun rôle dans leur processus, mais simplement que ce n'est pas un rôle dominant. Par contre, la motivation va devenir pour ces apprenants un facteur essentiel parce que le guide ne sera pas à leurs côtés pour les encourager, les stimuler lorsqu'ils seront défaillants, et qu'ils devront surtout compter sur eux-mêmes et sur leurs capacités de lire et de comprendre les signes indiquant les moments où la polarité motivation / résistance au changement commence à s'inverser. Et ils devront alors accepter d'arrêter leur processus ou de temporiser jusqu'à ce qu'ils aient retrouvé une motivation suffisante pour redémarrer.

Le fait que "l'apprenant est totalement responsable de l'intégralité de son processus et des moyens qu'il a mis en œuvre pour avancer", comme nous l'avons dit plus haut, est une condition fondamentale de la viabilité du modèle que nous proposons, mais cette proposition doit être comprise dans le contexte spécifique de *l'apprentissage vu par ceux qui apprennent* [25], contexte où **les apprenants sont eux-mêmes les gestionnaires des facteurs de l'apprentissage** [même s'il existe parfois des systèmes éducatifs où les lois de l'apprentissage sont respectées et où les enseignants, formateurs ou animateurs tiennent compte des facteurs de l'apprentissage qui sont mis en jeu dans leur approche pédagogique, ou au moins de certains d'entre eux]. Ce contexte est donc aussi celui d'une utilisation consciente des lois de la LOGIQUE DE L'APPRENTISSAGE, la trialectique, lois grâce auxquelles cette gestion peut s'effectuer de manière parfaitement rationnelle. C'est ainsi que :

• lorsque l'apprenant avance dans son apprentissage, il se transforme nécessairement *(loi de mutation)* ;

• tout facteur qui est utilisé consciemment met automatiquement en jeu, de manière consciente également, son pôle opposé *(loi de circulation) ;*

• tout processus d'apprentissage est susceptible à certains moments de progresser, mais aussi à d'autres moments de régresser en fonction du degré d'attraction exercé par le but visé *(loi d'attraction ascendante ou descendante).*

e) Lois de la trialectique et apprentissages verticaux

L'action de la LOI DE MUTATION est évidente dans la mesure où l'apprenant se transforme en effet lorsqu'il intègre un niveau de conscience supérieur, comme cette étude l'a montré en définissant chaque niveau à partir des caractéristiques psychologiques qui lui correspondent.

Le fonctionnement de la LOI DE CIRCULATION peut être observé dans le dynamisme que crée un facteur

(25) Voir Olivier Clouzot : "L'APPRENTISSAGE VU PAR CEUX QUI APPRENNENT", Revue *POUR*, n° 58, 1978.

de l'apprentissage avec son pôle opposé. Cela est très important, car plus ce dynamisme est fort, plus l'apprentissage va pouvoir progresser aisément. Par exemple, un apprenant pour qui le plaisir et la liberté d'apprendre sont des facteurs déterminants, mais qui ne supporte pas de travailler dans un contexte de contraintes qui bride sa créativité ou qu'il perçoit comme fatiguant ou douloureux, va se trouver stoppé dans son processus dès l'apparition des premières difficultés ; tandis que s'il est capable de supporter des situations contraignantes ou douloureuses pour lui à cause des efforts qu'il est obligé d'effectuer pour les surmonter, non seulement il ne sera pas bloqué dans son processus, mais il verra en outre celui-ci stimulé et dynamisé dès que le plaisir et la liberté d'apprendre reprendront le dessus [(26)]. Dans le travail vertical, lorsqu'on commence à percevoir l'égalité entre les pôles opposés des facteurs de l'apprentissage, sans valorisation subjective d'un pôle et dévalorisation de l'autre, cela est un signe que les attachements de l'ego perdent de leur intensité, et donc que ce dernier devient moins pesant.

Un autre exemple significatif de la circulation d'énergie existant entre deux pôles concerne le quatrième facteur, avec l'expérience vécue sur le terrain d'un côté, la théorisation se rapportant à cette expérience de l'autre. Dans tout apprentissage horizontal, le bon sens permet de ressentir la complémentarité naturelle entre la théorie et la pratique ; mais dans certains aspects fondamentaux du travail vertical pour passer du deuxième au troisième niveau, on peut trouver très intéressantes les analyses concernant le fonctionnement de l'ego, parce que ces analyses concernent la psychologie qui passionne beaucoup de gens, mais dès qu'il devient nécessaire de passer de la théorie à la pratique, qui

(26) Alan Watts, qui a eu toute sa vie l'intuition de la loi trialectique de circulation, sans arriver cependant à la formaliser dans un langage purement logique, dit très justement : *"Une vie de plaisirs n'a de chance d'exister que si elle se fonde sur un certain ascétisme."* ("MATIÈRE À RÉFLEXION", Denoël, 1972).

est essentiellement un travail d'auto-observation fondé sur la méditation, beaucoup d'individus refusent d'effectuer ce passage et restent bloqués dans des connaissances intellectuelles qui demeurent stériles tant qu'elles ne peuvent pas être intégrées dans le comportement et reliées à une vraie connaissance de soi. C'est ainsi que, selon le Dalaï Lama, le Bouddhisme tibétain envisage deux sortes de sagesse qui doivent s'équilibrer : *"la sagesse de l'écoute des enseignements"* (la théorie), qui est complétée par *"la sagesse issue de la méditation"* (la pratique) ; lorsque la première étouffe la seconde, le Bouddhisme parle alors du *"dharma qui s'est transmué en poison"*, parce que cela crée des personnes arrogantes qui n'ont pas intégré ce qu'elles ont appris intellectuellement [(27)].

Enfin, **la LOI D'ATTRACTION prend toute son importance dans le travail vertical parce qu'elle permet de vérifier si le but transcendantal qui est visé dans le désir d'atteindre le quatrième niveau est assez fort pour créer une vraie dynamique d'évolution ascendante**. Lorsque ce n'est pas le cas, l'apprentissage stagne ou régresse. Cela n'est pas grave en soi, parce qu'un apprentissage ne peut pas avancer tout le temps, et que des temps morts sont nécessaires à la bonne marche du processus lui-même. Mais lorsque l'évolution ascendante se transforme en évolution descendante, des problèmes existentiels apparaissent dans la vie de l'apprenant qui sont susceptibles de lui faire comprendre que sa trajectoire a dévié, et que le but transcendant qu'il poursuivait a peut-être été oublié.

Nous touchons ici un point subtil du travail vertical qui doit être clarifié. Certes, on peut comprendre que l'apprenant qui a surmonté la deuxième crise et qui est entré dans le troisième niveau ait besoin de viser le but de la

(27) Sa Sainteté le XIVe Dalaï Lama : "LES QUATRE NOBLES VÉRITÉS", enseignement donné en Savoie du 25 au 30 avril 1997.

dissolution de l'ego pour avancer vers la transcendance, mais si cette visée est fondée sur un désir de l'ego lui-même, ce qui est forcément le cas tant qu'il n'a pas été transcendé, il semble que le but fixé ne puisse jamais être atteint.

Dans l'optique du Zen, telle qu'Alan Watts l'a résumée [(28)], l'illumination ne peut arriver que lorsqu'il n'y a plus rien à chercher, à convoiter ; cela ne peut donc pas être le fruit d'un système d'autoperfectionnement, ou d'une méthode pour atteindre l'état de Bouddha, car comme le disait Lin-Chi, *"Celui-là qui cherche le Bouddha le perd"* – ce qui était une paraphrase de l'affirmation taoïste bien connue selon laquelle *"le Tao qui peut être nommé n'est pas le Tao"*. Alan Watts ajoutait aussi d'ailleurs avec malice que le fait de s'efforcer d'atteindre le *satori* était aussi absurde que d'essayer de s'envoler en tirant fortement sur les lacets de ses propres souliers [(29)].

---

(28) Alan W. Watts : "LE BOUDDHISME ZEN", Petite Bibliothèque Payot, 1969.

(29) *"Fixer obstinément son regard sur un objet n'améliore pas la vue, et on n'affine pas son ouïe en tendant l'oreille. De même, l'effort de l'esprit qui se réfléchit lui-même ne facilite en rien la compréhension. L'esprit néanmoins ne cesse de faire des efforts : pour chasser l'ennui quand il est déprimé, pour calmer une peur, pour tirer le maximum d'un plaisir, pour s'obliger soi-même à être plein d'amour, de patience, d'attention. Il se donne même de la peine pour être heureux. Et lorsqu'on lui dit qu'il fait fausse route avec tant d'efforts, l'esprit s'efforce alors de ne pas s'efforcer ! On ne sort pas de ce cercle vicieux tant qu'on n'a pas compris que tous ces efforts sont aussi vains qu'essayer de s'envoler en faisant un bond, lutter pour trouver le sommeil ou obtenir une érection du pénis à force de volonté. Chacun connaît la contradiction qu'il y a à vouloir retrouver un nom oublié ; mais, bien que ce genre d'oubli se renouvelle sans cesse, on s'obstine à ne pas s'en remettre à l'activité spontanée de la mémoire. C'est pourtant une des formes les plus banales de ce que le Bouddhisme appelle* satori *: une prise de conscience spontanée qui survient soudainement et sans effort."* (Alan W. Watts : "AMOUR ET CONNAISSANCE", Éditions Gonthier, 1966). L'auteur parle ici d'un moment effectivement très important, qui se situe vers la fin du processus du travail vertical, celui où il est nécessaire d'abandonner toute volonté égotique pour accepter un complet lâcher-prise du mental et des efforts qui ont été préalablement consentis.

Mais ce genre d'affirmation n'est cohérent que dans le cadre d'une logique aristotélicienne qui fonctionne en dehors du temps et selon le critère de la non-contradiction ; dans la logique trialectique, cela ressemble fort au sophisme de Zénon d'Élée prétendant qu'Achille ne pourra jamais rattraper la tortue tout en courant après elle. Car il est hors de doute que le niveau transpersonnel n'est pas atteint par hasard par des personnes qui n'avaient aucune intention de le rechercher, mais qu'il est bien le fruit d'un long et patient travail de transformation et de purification.

Dans le cadre du travail mystique traditionnel, c'est le fait de voir en son maître un "être réalisé" qui donne au disciple le désir de devenir comme lui ainsi que la motivation de suivre le processus permettant d'y arriver, et il est certain que l'ego participe largement à cette décision qui flatte son orgueil et dans laquelle il trouve au début de nombreux avantages – même s'il doit déchanter par la suite. Mais dans le Bouddhisme, où le rôle du guide personnel du disciple est fondamental, nous avons vu qu'il existe aussi un outil très important : c'est le vœu du Bodhisattva qui ne cherche pas l'illumination pour lui-même mais pour toute l'humanité, vœu qui n'est pas une simple déclaration intellectuelle mais un engagement total du corps et de l'esprit associé à des répétitions mantramiques et à de nombreux exercices et rituels sacrés [(30)]. Dans le travail du moine ou de la moniale catholiques qui se sont consacrés à Dieu, à l'amour de Dieu, c'est la force de leur engagement qui a le même effet : c'est dans la mesure où ils sont de manière

---

(30) *"Dans une société où la vie spirituelle pénètre toute l'existence, les actes les plus ordinaires ont un sens. Idéalement, en fait-il n'y a plus rien d'ordinaire. Lorsqu'on marche, par exemple, on considère que l'on marche vers l'Éveil ; en allumant un feu, on souhaite : « Que toutes les émotions négatives des êtres humains soient brûlées » ; en mangeant, on pense : « Puisse chacun goûter la saveur de la contemplation » ; en ouvrant une porte : « Que la porte de la libération s'ouvre à tous les êtres »."* (Matthieu Ricard : "LE MOINE ET LE PHILOSOPHE", Nil éditions, 1997).

quasi permanente tournés vers la transcendance qu'ils obtiennent des résultats qui sont pour eux la preuve de la validité de leur recherche "amoureuse", ce qui leur donne effectivement la force de continuer.

Dans l'École Arica, il existe également des vœux et des offrandes qui font partie du travail individuel et collectif : c'est, par exemple, la *"Déclaration de l'Unité de Dieu"* [31], ou l'"*Offrande de l'Ethos d'Arica"*, qui ont une grande importance pour rappeler périodiquement aux élèves de l'école le but transcendantal qui est visé – nous y reviendrons dans les pages 176 à 179.

Pour l'apprenant engagé dans le travail vertical, quel que soit le chemin spirituel qu'il a choisi, il est donc essentiel, à partir du moment où il cherche à aller au-delà du deuxième niveau, qu'il ait devant lui un objectif clairement défini qui va jouer un rôle d'attraction analogue à celui du cap que se fixe le navigateur ou du sommet de la montagne que l'alpiniste cherche à escalader. Alors que les rituels associés à cet objectif sont perçus comme des pratiques superstitieuses par les personnes qui se trouvent au premier ou au deuxième niveaux, à partir d'un certain degré d'avancement, ils acquièrent en eux-mêmes une sorte de pouvoir d'aspiration qui rend le travail vertical de plus en plus naturel et facile.

(31) Oscar Ichazo : "RITUELS D'ARICA" (I), Études Holistiques, 1995.

4. Principe d'égalité des apprenants

Nous venons de voir que la condition fondamentale qui permet de travailler dans la verticalité est de laisser à l'apprenant la totale responsabilité de son processus, compte tenu du fait qu'il dispose de concepts méthodologiques très puissants, parce que fortement structurés, et qu'il bénéficie d'une logique rigoureuse, la trialectique, qui est par excellence la logique de l'apprentissage en général, autant dans son aspect horizontal que vertical. **Il y a une deuxième condition, corrélative de la première, pour que le travail vertical puisse s'effectuer en toute sécurité, c'est de postuler l'égalité absolue des apprenants.**

Si le mot *absolu* a un sens, c'est un sens en dehors, ou au-delà du temps, car tout ce qui se produit dans le temps est obligatoirement relatif, avec des changements d'états, des augmentations et des diminutions, des apparitions et des disparitions. Le processus temporel de l'apprentissage vertical est constitué de phénomènes impermanents, qui naissent et meurent, apparaissent, se transforment, et disparaissent. Et un moment arrive où l'ego lui-même est reconnu par la conscience comme une entité essentiellement impermanente, non seulement destinée à mourir en même temps que le corps physique, mais aussi faite de caractères fragmentaires tout aussi impermanents qui ne cessent d'entrer sur la scène de notre théâtre intérieur, puis de sortir, de se manifester un certain temps comme s'ils étaient des êtres éternels et tout puissants, puis de disparaître pour être remplacés par d'autres caractères également imbus d'eux-mêmes et également ignorants de leur existence relative [32].

---

(32) *"Vous découvrirez plus ou moins clairement à l'intérieur de vous-même un certain nombre de personnages : l'homme social (nom, prénom, qualité, profession, etc.) — l'ambitieux — le mystique — l'obsédé sexuel — le meurtrier — l'artiste — l'idéaliste — l'enfant perdu — le vaniteux — le déses-*

Mais **l'apprenant lui-même reste un apprenant à part entière à tout moment de son processus**. Dans "APPRENDRE AUTREMENT", nous avons montré qu'il commence en général par être un *apprenant malgré-lui*, ce qui correspond au niveau socioculturel, puis qu'il peut se transformer en *apprenant modulaire*, ce qui correspond au niveau de l'ego individualiste, mais qu'il peut aussi devenir un *apprenant intégré*, dont la vie devient alors *"Apprentissage avec un grand A, apprentissage de soi-même, travail continu sur la conscience, l'élargissement de la conscience"* (33), ce qui est alors la preuve qu'il est entré consciemment dans le travail vertical. Dans tous ces stades, il n'en est pas moins un apprenant, ces stades ne se différenciant que par leur plus ou moins grand degré d'avancement dans un processus d'ensemble qui a sa cohérence et son unité. Ainsi l'apprenant qui débute dans le travail vertical est comme un enfant qui trébuche en apprenant à marcher, mais il contient en lui potentiellement tout le chemin qui conduit aux derniers degrés du niveau transpersonnel et à une conscience complètement éveillée – c'est ainsi, par exemple, que le Bouddha voyait dans les personnes qui l'écoutaient des bouddhas potentiels.

Il serait donc tout à fait injuste de considérer avec indifférence ou mépris les apprenants qui commencent leur processus et avec une révérence superstitieuse ceux qui le terminent – bien que ce soit ce que l'on fait généralement. Mais on fait cela lorsqu'on se trouve au niveau sociocultu-

---

péré — le raciste — le romantique — l'angoissé financier — l'optimiste — le tyran, liste qui n'est pas exhaustive. (...) Il est certain que ces personnages palpitent à travers vos battements de cœur, transpirent à travers votre sueur, claquent des dents avec votre mâchoire, s'enfuient avec vos jambes et s'expriment d'une façon générale à travers vous, et pourtant ils ne sont pas vous-même, *ce ne sont que des formes intermittentes de la conscience."* (Arnaud Desjardins et Véronique Loiseleur : "L'AMI SPIRITUEL", opus cité).

(33) Olivier Clouzot et Annie Bloch : "APPRENDRE AUTREMENT", chapitre 5 : *Apprentissage et développement humain* (opus cité).

rel, pas lorsqu'on est arrivé au niveau trans-personnel. Or, le système hypothético-déductif qui est présenté ici a été conçu en tenant compte des quatre niveaux qui ont été définis et qui déterminent le processus global de l'évolution humaine. Pour être cohérent avec notre modèle, il est tout à fait impossible de définir un concept aussi essentiel que celui de l'*apprenant* seulement à partir des points de vue qui sont dominants dans le premier niveau mais totalement remis en question par la suite, et tout particulièrement dans le dernier.

Par conséquent il est indispensable à la cohérence de notre modèle de postuler une égalité entre les apprenants, au même titre que l'on dit dans la Déclaration des Droits de l'Homme et du Citoyen que *"les hommes naissent libres et égaux en droit"*. C'est un postulat que l'on ne peut pas prouver *a priori*, comme tous les postulats, mais avec lequel on peut faire un travail considérable pour peu qu'on le considère avec sérieux. L'apprentissage vertical étant comparable à la croissance d'une plante, il serait absurde de considérer que telle phase de la croissance est importante et que telle autre ne l'est pas : elles sont toutes indispensables au processus et participent également à son unité.

Récapitulons :

• **Le point zéro du cheminement vertical coïncide avec le traumatisme de la naissance** qui laisse des marques profondes dans la psyché, mais pratiquement aucun souvenir pour le futur apprenant qui est encore sans mémoire. C'est pourtant autour de ces blessures inconscientes que son ego se construira. Les apprentissages moteurs s'effectuent très rapidement, mais ils sont aussi vite oubliés. C'est seulement au bout de quelques mois que l'enfant commence ses apprentissages conscients au niveau socioculturel, que cela lui plaise ou non, apprentissages essentiellement horizontaux dont il a besoin pour se construire et fonctionner dans sa famille et dans la société. Pendant ce temps, il subit de la part de son environnement une multitude de conditionnements qui participent sans qu'il s'en rende compte à la fabrication des mécanismes de son ego. Le fait qu'il apprenne bien ou pas bien, vite ou lentement, n'entre pas ici en ligne de compte, car il fait ce qu'il peut à partir du bagage initial qui lui a été donné et de la "socioculture" dans laquelle il est plongé. Mais sa croissance commence obligatoirement à ce niveau, et il la gère avec les capacités qui sont les siennes et une conscience forcément peu développée puisque les conditionnements involontaires auxquels il est soumis dominent alors complètement sa vie : ce qu'il apprend dans ce niveau correspond au premier étage de sa trajectoire d'apprenant, et cela constitue la base de ce qu'il sera en mesure d'apprendre dans les niveaux suivants – il n'y a pas de jugement, bon ou mauvais, à porter là-dessus.

• **Lorsque l'apprenant fait l'expérience de la première crise, celle qui s'accompagne de la prise de conscience qu'il a été façonné contre son gré d'une manière qui ne correspond pas à ce qu'il estime être ses vrais besoins, il se révolte contre cet état de fait,** et, avec ou sans aide, entre dans une nouvelle démarche d'apprentissage orientée vers la conquête de sa liberté et vers l'affirmation de ce qu'il croit qu'il est. Certaines facettes de son ego deviennent alors conscientes pour lui et il commence à revendiquer celles qui lui plaisent le plus, les autres restant dans la frange de son subconscient et se manifestant de façon intermittente sans qu'il comprenne vraiment pourquoi elles apparaissent et disparaissent. Cela constitue donc, objectivement, un deuxième étage d'apprentissage qui vient se greffer sur le premier, et le niveau de l'ego individualiste se fait alors une place dans sa conscience, niveau où l'ego est fort en apparence, mais en réalité contradictoire et chaotique, comme le dit très bien Arnaud Desjardins (voir note 32, p.170), car composé de caractères qui avancent sur le devant de la scène, puis se mettent en retrait, de personnages contrastés qui s'accordent et s'opposent tour à tour, les uns doux et gentils, les autres vindicatifs et violents.

• **C'est alors qu'apparaît la deuxième crise, parce que les contradictions entre les différentes facettes de l'ego atteignent un seuil intolérable pour la conscience**, mais celle-ci n'est pas encore assez éveillée, développée pour le percevoir, et la crise va s'accentuer jusqu'à ce qu'une nouvelle *prise de conscience* – il n'y a effectivement pas d'autre mot pour le dire – se produise. Dans des moments de lucidité, encore rares mais très intenses, la personne comprend qu'elle n'a aucune maîtrise d'elle-même, aucune unité, et qu'elle doit entrer dans une vraie démarche de connaissance de soi. Elle entreprend alors une nouvelle phase d'apprentissage, la troisième, phase généralement longue qui correspond à l'exploration du niveau de l'individu individualisé, mais qui consiste à approfondir les apprentissages précédents, souvent d'ailleurs en les remettant en question et en les restructurant. Car l'ego est devenu cette fois le principal objet d'étude, et ses mécanismes très anciens commencent à être reconnus et démystifiés ; les plus légers sont d'abord écartés, les autres continuant à résister, ce qui peut durer des années selon la manière dont le travail vertical est effectué et structuré.

• **La troisième crise vient mettre un terme aux apprentissages du troisième niveau, car un moment arrive où les racines de l'ego sont mises à nu, ce qui est extrêmement douloureux ; il faut alors bien accepter les blessures sur lesquelles il s'est construit et que le travail vertical a fait remonter de l'inconscient**. À partir de ce moment seulement, commencent les apprentissages qui correspondent au niveau transpersonnel. Les jeux de l'ego ont été démasqués, mais comme ils continuent à se produire, il faut une instance capable de les observer et de se distancier d'eux en toutes occasions : cette instance n'est autre que la conscience qui est cette fois mieux éveillée, mais qui doit encore cristalliser en elle une qualité de permanence qui n'avait pas existé jusqu'ici. Dans le dernier chapitre de son livre "L'AMI SPIRITUEL", Arnaud Desjardins résume très bien cela : nous croyons être un, mais nous sommes une foule de personnages qui vont et viennent sur la scène de notre théâtre intérieur – l'ego est justement constitué de cette foule carnavalesque qui multiplie faces et volte-faces – tous ces caractères sont essentiellement impermanents – la seule instance qui peut devenir permanente en nous est celle qui reste un témoin neutre et non identifié aux péripéties du spectacle égotique – ce témoin objectif est notre conscience – lorsqu'elle est complètement éveillée, elle devient notre "maître intérieur" qui prend le relais du maître extérieur. Il faut aussi ajouter que la cristallisation de la conscience permet enfin à l'être essentiel d'émerger et de se manifester pleinement, parce que la vigilance du témoin permanent a finalement réussi à neutraliser les sabotages de l'ego.

Les apprentissages du quatrième niveau viennent donc se greffer sur ceux du troisième, qui sont eux-mêmes complètement dépendants des deux précédents, et c'est cela qui donne son unité à l'ensemble du processus vertical dont tous les étages sont également importants.

Nous pouvons en inférer que ce processus est effectué par un apprenant qui réalise successivement quatre types d'apprentissage extrêmement différents dans leur nature, mais qui se rapportent tous aux interactions qui se produisent entre l'ego et la conscience, de la constitution du premier à la cristallisation de la seconde, et que c'est à la fin de ce processus que l'individu parvient enfin à trouver son unité. On peut aussi remarquer que ce processus est prédéterminé et qu'il appartient à toute l'espèce humaine, mais que la marge de variabilité individuelle est pratiquement infinie, aucun processus particulier ne ressemblant à aucun autre. C'est pourquoi l'apprenant qui travaille au premier niveau a autant d'importance que celui qui travaille au second, et qu'il en est exactement de même pour les apprenants travaillant au troisième ou au quatrième niveaux :

c'est dans ce sens qu'ils sont égaux, ce qui les différencie étant leur degré d'avancement respectif dans un processus en quatre phases qui est objectivement le même pour tous, et subjectivement différent pour chacun.

C'est en vertu de ce principe d'égalité des apprenants que des individus qui se trouvent au troisième ou au quatrième niveaux ont naturellement tendance à apporter toute l'aide possible à ceux qui se trouvent encore au premier ou au second, ce qui correspond dans notre modèle au vœu traditionnel du Bodhisattva [34].

5. Engagement, conscience, persévérance

Lorsqu'en 1973, j'avais commencé à travailler dans l'École Arica, j'avais été frappé par un texte d'Ichazo qui s'intitulait *"Axiomatique d'Arica"*, et qu'un instructeur nous avait lu pendant la "Formation de 40 jours". Il y avait dans ce texte douze axiomes qui résumaient les principes qui étaient à la base du travail Arica, et qui ont été remplacés par la suite par d'autres documents plus élaborés, comme

(34) Lorsqu'un maître constate que son disciple a un comportement infantile et incohérent qui le conduit à saboter le travail qu'ils réalisent ensemble, le premier peut tenir au second un langage extrêmement ferme dans le seul but de l'inciter à grandir : *"Dans la vie ordinaire, chacun passe son temps à prendre des décisions qu'il ne tient pas, sans même s'en rendre compte. Il suffit que les circonstances se modifient légèrement pour que les résolutions soient aussitôt bafouées. Parfois, on ne se souvient même pas de les avoir prises (...) « La situation a changé, je suis découragé, j'abandonne... » C'est très grave. Si vous ne tenez pas les décisions que vous prenez dans l'existence et que vous ne tenez pas non plus celles que vous prenez en face de votre propre gourou, vous sabotez vous-même la seule chance qui vous reste de sortir de votre mécanicité".* (Propos d'Arnaud Desjardins cité par Véronique Loiseleur dans "À CŒUR OUVERT", Revue Question De, n° 111, consacré à Arnaud Desjardins, Albin Michel, 1998).

les *"Cinq Déterminants Ultimes de l'Être"* cités précédemment. Dans cette axiomatique, il y avait un axiome, l'axiome 10, qui disait à peu près ceci :

VOUS SEUL AVEZ LA RESPONSABILITÉ
DE VOTRE PROPRE ÉVOLUTION

Personne d'autre ne peut prendre cette responsabilité à votre place. C'est vous qui devez travailler, et vous ne pourrez attendre de résultat que de ce que vous aurez accompli par vous-même. Personne n'est responsable de l'évolution de quelqu'un d'autre.

Ce texte m'a beaucoup touché, et il m'a communiqué une certaine énergie qui a facilité mon écriture du livre "*APPRENDRE AUTREMENT - clés pour le développement personnel*". Je sais qu'il a frappé d'autres personnes qui avaient fait les 40 jours d'Arica, car je l'ai trouvé cité dans plusieurs articles par la suite. Il me revient à l'esprit à la fin de ce livre parce que la notion d'engagement dans le "travail spirituel" est absolument essentielle à la dimension verticale. Souvent, lorsque j'ai la flemme de méditer, ou que je crois que je n'en ai pas le temps, je me dis en effet que personne ne pourra évoluer à ma place, et que c'est donc à moi de faire le travail correspondant ; cette pensée a la vertu de me pousser rapidement vers mon coussin de méditation, ne serait-ce que pour quelques minutes, ou de m'inciter à faire un exercice de Taï-Chi Chuan ou de réciter un mantra.

Nous avons vu précédemment que le premier facteur de l'apprentissage, la *motivation*, se heurte à son pôle contraire, la *résistance au changement*. Or, cette résistance est très forte dans le travail spirituel parce que l'ego est naturellement porté à résister à toute action visant à le transformer. Le sens de la responsabilité évoqué dans l'axiome 10 d'Arica est donc loin d'être suffisant, à lui seul, pour s'opposer à cette résistance qui prend en réalité autant de formes qu'il y a de types de personnalité. C'est pourquoi Ichazo, après avoir explicité le modèle des *9 Fixations de l'Ego* que nous avons évoqué dans le chapitre IV, a développé par la suite deux ennéagrammes fondamentaux [35] qui appliquent respectivement la *loi d'attraction descendante* et la *loi d'attraction ascendante* de la Trialectique.

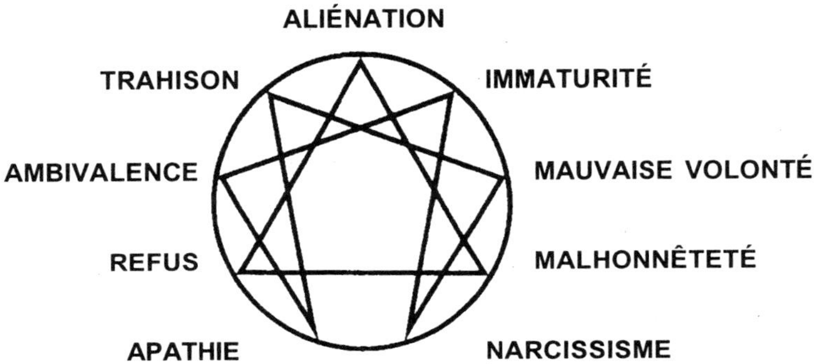

ENNÉAGONE DE LA FORCE IMMORALE
(The Arican, 1990)

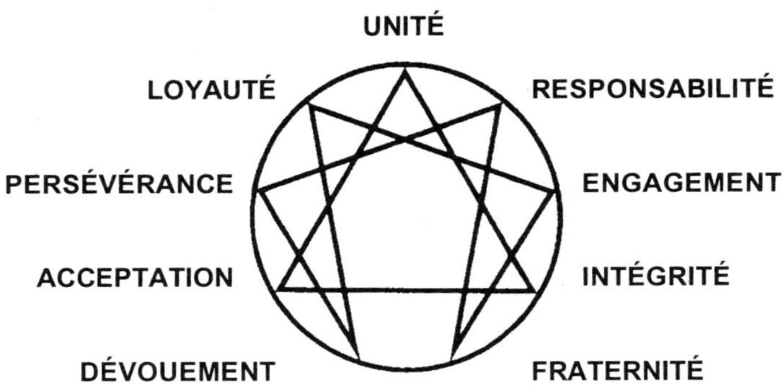

ENNÉAGONE DE L'ETHOS D'ARICA
(The Arican, 1990)

(35) Voir "THE ARICAN - International Journal of Arica Institute" (1990), 145 Palisade Street, Suite 401, Dobbs Ferry, NY 10522-1617.

La première figure s'intitule "Ennéagone de la Force Immorale", et il montre neuf attitudes, caractéristiques des neuf fixations, pour s'opposer au travail que l'on fait dans le troisième niveau de conscience (individu individualisé) en vue d'atteindre le quatrième (niveau transpersonnel). Ainsi, dès qu'il est question par exemple de méditer, le *Perfectionniste* se cherche des excuses puériles et fait preuve d'*immaturité*, l'*Indépendant* fait preuve de *mauvaise volonté*, le *Frimeur* de *malhonnêteté*, etc. – chacune de ces attitudes constituant une force de pesanteur qui ralentit la vie spirituelle parce qu'elle correspond à un leitmotiv de l'ego que cet aspect du travail vertical rebute ou ennuie.

La deuxième figure s'intitule "Ennéagone de l'Ethos d'Arica", et il montre qu'il est possible d'opposer à ces neuf forces négatives des forces positives qui mettent progressivement les premières hors d'état de nuire parce que le travail vertical sera fait, malgré les résistances du mental égotique qui, lui, persévère dans son refus. Lorsqu'il en a assez de résister dans le vide, il finit par se calmer et par se taire : le travail spirituel devient alors plus naturel et il dure plus longtemps, car c'est lui qui est à la base de la joie grandissante (*"ananda"* en sanscrit) qui caractérise les êtres complètement éveillés (niveau transpersonnel).

Je voudrais donner ici un exemple significatif de ce phénomène de transformation qui s'effectue lorsque l'on passe du troisième au quatrième niveau. Il s'agit des expériences que Ramesh S. Balsekar a vécues à ce sujet et dont il a témoigné avec un humour qui me touche beaucoup, depuis que je sais qu'il s'agit du processus d'un directeur de banque, joueur de golf, qui n'a été le disciple de Nisagardatta Maharaj (1897-1981) que lorsqu'il a pris sa retraite et qui, dans ce nouveau contexte, a atteint en peu de temps la libération. Voici d'abord ce qu'il dit de la méditation : *"La vraie méditation signifie l'annihilation de l'ego. Et l'ego, bien sûr, n'a pas envie de cela. Quand la méditation se produit, l'esprit s'empresse de dire : « Arrête de perdre ton temps, fais quelque chose d'utile. » [...]*

La méditation, ce n'est pas s'asseoir et passer son temps à se demander si on se tient assez droit. La méditation peut se produire n'importe où, comme un cadeau que vous fait l'univers." (36).

Ses expériences personnelles vont dans le même sens : *"La première fois que je suis allé voir Maharaj, il m'a demandé si je méditais. Je lui ai répondu que oui, que mon précédent guru m'avait demandé de méditer au moins une demi-heure chaque jour ; que chaque fois que cela avait été possible, j'avais essayé de m'asseoir, et que depuis mon départ à la retraite, je méditais régulièrement.*

Six mois plus tard, Maharaj me demanda où en était ma méditation. Je ne pus que lui répondre : « Maharaj, je n'y avais pas prêté attention, mais maintenant que vous me le demandez... je suis désolé, mais je ne m'asseois plus pour méditer comme j'avais coutume de le faire ». Puis j'ajoutai : « Par contre, je sais que la méditation se produit très souvent, quand je n'y pense pas ».

Je pensais que Maharaj allait me traiter de tous les noms, mais il dit : « Excellent ! » Puis il expliqua que quand une évolution spirituelle se produit, la méditation cesse, et que ne plus penser à cette méditation délibérée, ne pas s'en sentir coupable, n'avoir même pas conscience de l'arrêt de cette méditation, constitue un grand pas en avant." (37).

Il est nécessaire ici de clarifier les concepts auxquels Ramesh se réfère, car on voit bien qu'il y en a deux derrière le même terme. Il y a la méditation en tant que technique consistant à se mettre dans une certaine position et à pratiquer certaines formes d'auto-observation ou de concentration intérieure et/ou extérieure. Et il y a un état de méditation, que Ramesh appelle aussi "l'état-témoin", ou la "conscience impersonnelle", qui est une présence si grande à la réalité qu'il n'y a plus de séparation entre celui qui perçoit

(36) Ramesh S. Balsekar : "L'APPEL DE L'ÊTRE", Éditions du Relié, 1998.

(37) Ramesh S. Balsekar, opus cité.

et ce qui est perçu, présence dans laquelle l'ego ne joue aucun rôle. Si cet état peut être le fruit de la méditation en tant que technique – et il n'y a aucun doute sur le fait que le but de la technique est bien de le produire –, son apparition fréquente, ou quasi permanente, dénote l'appartenance au niveau transpersonnel, que ce soit en pratiquant la technique ou de manière spontanée.

Pour l'auteur de "L'APPEL DE L'ÊTRE", livre qui porte essentiellement sur la description de ce niveau de conscience, c'est l'état de méditation qui est important, pas la technique, et cet état peut apparaître dans n'importe quelle position. Comme, en tant que golfeur, il a passé de nombreuses heures à marcher, la marche est pour lui une activité privilégiée qui, d'après ce qu'il en dit, favorise l'apparition ou le maintien de l'état de méditation. *"Marcher peut être une véritable méditation. Je le sais parce que cela m'arrive. Je marche pendant à peu près une heure et quart chaque matin et chaque soir. Je ne sors pas, parce qu'il y aurait des distractions. Je marche chez moi, en diagonale, d'un coin de l'appartement à l'autre. Et cette marche, s'il n'y a pas d'interruptions, peut se passer sans aucune pensée."* [38] Vous avez bien lu : Ramesh ne pratique plus la méditation en tant que technique, mais il passe deux heures et demi par jour à marcher en diagonale dans son appartement !

(38) Ramesh S. Balsekar, opus cité.

Chapitre VI.

CULTURE, SANTÉ, DÉVELOPPEMENT

1. Apprendre à contre-courant

Si le lecteur a bien suivi notre raisonnement, il devrait donc être clair pour lui, comme nous l'avons dit dans le chapitre précédent, que le modèle qui est présenté ici décrit *"un processus en quatre phases qui est objectivement le même pour tous et subjectivement différent pour chacun"*. Le problème est que ce qui est vrai ici en théorie est beaucoup plus discutable en pratique, la seconde étant encore très en retard sur la première.

Mais ce retard est tout à fait compréhensible s'il est vrai, comme on peut en faire l'hypothèse, qu'il existe actuellement :

- plusieurs milliards d'individus se trouvant au premier niveau,
- plusieurs millions au second,
- quelques centaines de mille au troisième,
- et quelques milliers seulement au quatrième.

Ce phénomène cependant, ne peut pas encore être conceptualisé de cette manière par notre culture qui perçoit l'humanité comme une masse indistincte et anonyme de gens (le premier niveau) au-dessus de laquelle surnagent quelques individualités de renom (le deuxième niveau). En fait, parmi ces "individualités", il y a aussi des personnes appartenant au troisième et au quatrième niveaux, mais notre culture n'est pas capable de le percevoir, parce qu'elle croit que seule la dimension horizontale a une existence universelle, donc objective, tandis que, dans le meilleur des cas et en fonction de la liberté de croyance qui caractérise notre société, la dimension verticale n'aurait qu'une valeur relative dépendante de la subjectivité de quelques-uns, psychanalystes jungiens et mystiques par exemple, qui auraient délibérément choisi de l'explorer, comme d'autres ont décidé d'assister à la messe du dimanche ou de consulter chaque semaine leur horoscope astrologique. En outre, les forces de nivellement de la publicité utilisent certaines images caractéristiques de telle ou telle pratique spirituelle pour vanter les qualités d'une voiture, d'un bain moussant, ou d'un fromage, ce qui a pour effet d'enlever à ces pratiques leur dimension de profondeur ou d'élévation pour les mettre sur le même plan que celui de n'importe quel produit de consommation.

Tout cela ne facilite pas le travail des apprenants engagés dans le chemin vertical, car il leur faut souvent apprendre à contre-courant, au milieu d'un environnement socioculturel qui non seulement ne s'intéresse pas à leur recherche, mais la trouve aussi parfois inutile ou stupide, voire dangereuse, ce qui l'amène à multiplier des difficultés de toutes sortes et à dresser embûches et chicanes sur leur chemin.

Cette ignorance de l'importance de la dimension verticale pour le développement humain est paralysante pour les personnes qui sont presque prêtes à y pénétrer mais qui doutent ou hésitent encore à faire les premiers pas, car elles sont retenues par la peur de quitter la sécurité apparente des préjugés et tabous propres à une “socioculture” dépendante de la dimension horizontale ; pour les autres qui sont déjà engagées dans la verticalité par conviction ou par nécessité vitale, cette même ignorance fait partie des résistances naturelles qu'il faut savoir contourner ou dépasser pour progresser vers des niveaux de conscience plus élevés.

Sur le plan individuel, la difficulté initiale à évoluer dans un environnement indifférent ou hostile est donc le prix normal à payer pour pouvoir avancer, afin de jouir des fruits inouïs (sécurité, sérénité, bonheur, plénitude, souveraineté, liberté, créativité, joie de vivre) qui seront progressivement récoltés au fur et à mesure que les mécanismes et les peurs de l'ego seront identifiés et transcendés.

2. La crise pour entrer dans le troisième millénaire

Sur le plan collectif, il existe actuellement un très grand danger. Nous avons vu effectivement à la fin du troisième chapitre que nous nous trouvons actuellement au commencement de la crise socioculturelle qui sépare le niveau de l'ego individualiste de celui de l'individu individualisé, et qui devrait correspondre à un changement de logique aussi important que celui qui s'est produit à la fin du Moyen-Âge. Or, cette crise ne pourra être surmontée que lorsqu'il y aura assez d'individus qui prendront conscience que la logique dialectique, qui régit le fonctionnement des sociétés libérales et qui tente de s'imposer comme un modèle absolu dans le monde entier, conduit sûrement l'humanité à la catastrophe, et qu'il est donc nécessaire de passer d'une logique de compétition forcenée à une logique d'interaction coopérative finalisée par un développement harmonieux des différentes composantes de notre société.

Cette crise et le changement qui devrait en résulter au début du troisième millénaire ont été décrits il y a quelques années par des personnes qui ne connaissaient pas la logique trialectique définie par Oscar Ichazo mais qui en ressentaient intuitivement la nécessité (1). Mais avant que la mutation attendue se produise, la résistance au changement devient de plus en plus dure, et beaucoup de comportements individuels et d'aspects du comportement collectif montrent des signes d'affolement qui sont de plus en plus évidents.

C'est ainsi, par exemple, que la compétition économique augmente le rythme et l'intensité du travail que doivent fournir les entreprises, que cette augmentation crée de plus en plus de stress chez les travailleurs ; que le stress induit des réactions compensatoires diverses, des oppositions violentes ou des grèves sauvages, des somatisations et des accidents ; que ces réactions sont coûteuses et exigent toujours plus de moyens et d'argent ; que ces besoins croissants rendent les comportements socio-économiques plus tendus, ce qui durcit encore la lutte compétitive, etc.

C'est pourquoi il devient absolument nécessaire d'établir un mode de relation entre les personnes et les choses qui ne mette en danger ni l'individu, ni la nature, ni la société, comme le fait l'attitude dialectique inconsciente ou subconsciente qui se généralise. Ce changement n'est possible que s'il est pris en charge par un nombre suffisamment important d'apprenants responsables désireux d'aborder l'exploration du troisième niveau.

(1) "2100, RÉCIT DU PROCHAIN SIÈCLE", ouvrage collectif réalisé sous la direction de Thierry Gaudin. Éditions Payot 1990. Voir aussi "LA TRIALECTIQUE ET LE MODÈLE DES TROIS LOGIQUES DANS LE MONDE D'AUJOURD'HUI" (Éditions Holistiques, 1998) où les thèses du livre précédent sont résumées.

3. Les préjugés par rapport à la santé

Un des secteurs d'existence privilégiés où ces apprenants doivent tout particulièrement s'investir est celui de la santé. Nous avons insisté dans le chapitre III sur le fait que la traversée de la deuxième crise entraîne certains individus à vivre des épreuves qui prennent souvent la forme de maladies parce que c'est ainsi que leur ego résiste aux changements dans lesquels il se trouve entraîné contre son gré.

Or, de nouvelles approches de la santé dérivant de certaines pratiques psychanalytiques (2) ou de travaux originaux (3) ont montré que les maladies sont des solutions biologiques à des conflits psychologiques, et que la meilleure façon de les soigner est de résoudre soi-même les conflits sous-jacents en prenant conscience de la manière dont ils se sont installés dans notre psyché, en les dépassant, ou en leur trouvant une solution pratique. Mais une telle conception heurte profondément les habitudes des personnes identifiées au niveau socioculturel, particulièrement en Occident où deux types de préjugés limitent considérablement les possibilités d'évoluer grâce à une gestion responsable des problèmes physiques que nous rencontrons.

Un premier préjugé est de considérer la maladie comme une agression de l'organisme par un agent pathogène externe, microbe ou virus, et le malade comme quelqu'un qui n'est pas plus responsable de sa maladie que de sa guérison et qui attend d'être pris en charge par un système théra-

---

(2) Voir Georg Groddeck : "AU FOND DE L'HOMME, CELA" : "Le livre du ça", Éditions Gallimard, 1963, 1976, 1994.

(3) Dr Ryke Geerd Hamer : "FONDEMENTS D'UNE MÉDECINE NOUVELLE", 1981, ASAC, B.P. 134, F-73001 Chambéry Cédex. Voir une première approche de ces travaux originaux dans Olivier Clouzot : "UNE AUTRE VISION DE LA SANTÉ À PARTIR DES DÉCOUVERTES DU DR HAMER" (Revue Études Holistiques, supplément au n° 10, juin 1997). Voir aussi Léon Renard : "LE CANCER APPRIVOISÉ - Les ressources insoupçonnées de l'être humain" (Éditions *Vivez Soleil*, 1996).

peutique extérieur qui s'occupera de détruire ou de neutraliser l'agresseur. Par ailleurs, les progrès extraordinaires de la chirurgie qui s'est développée pour soigner les blessés de guerre et les accidentés de la route, du sport ou du travail, ont renforcé cette représentation populaire d'une médecine chargée de réparer des blessures occasionnées par le monde extérieur et dont le blessé n'est lui-même qu'une malencontreuse victime. Dans cette perspective, il est tout à fait normal pour beaucoup de gens d'offrir aveuglément un organe apparemment abîmé ou malade au bistouri du chirurgien, sans qu'ils soient conscients que l'amputation n'est pas toujours le meilleur moyen, même si c'est le plus radical, pour accéder à la guérison – ce faisant, ils oublient la sagesse du dicton populaire qui recommande de *ne pas jeter le bébé avec l'eau du bain.*

Un second préjugé, corrélatif du premier, consiste non seulement à croire en la matérialité de la maladie ou du dérangement physique ou physiologique qui a été diagnostiqué, mais surtout de rester attaché de manière exclusive à cette croyance sans percevoir que la vie est d'abord fonctionnelle [(4)], la matière n'étant qu'un support à des fonctions

---

(4) *"Dès que nos états de conscience prennent affinité avec ce qui est matériel et s'établissent sur des bases – et en particulier des bases d'interprétation matérielle –, elles s'imposent à nous d'une façon indéracinable. C'est pour cela qu'il est tellement dangereux de donner à des malades l'explication matérielle de leur douleur : « Vous avez mal à cause de ceci, vous avez mal parce qu'un nerf est comprimé dans votre dos ». Eh bien, le malade a matérialisé sa douleur, il lui a trouvé – à tort ou à raison – une cause mécanique, une cause à laquelle on ne peut porter remède qu'en détruisant la matière, alors il faut couper à partir de ce moment-là ; il faut couper ou déconnecter les contacts, du nerf par exemple, avec la masse qui le blesse, avec un os qui le blesse, ou avec un disque de cartilage qui le blesse. Parce qu'on lui a donné force matérielle, consistance matérielle, et irréductibilité matérielle. Si, par contre, on fait découvrir au malade la signification fonctionnelle de la douleur et non matérielle – comme ce qui est fonctionnel n'a pas de consistance –, on peut par une opération purement fonctionnelle, c'est-à-dire dynamique, le délivrer également".* (Docteur Roger Godel, dans "L'HOMME ET LA CONNAISSANCE" - entretiens. Éditions Le Courrier du Livre, 1965).

qui ne cessent d'évoluer et de se transformer avec le temps. Pendant les années 1960, le Docteur Roger Godel faisait déjà remarquer que si l'on s'identifiait aux cellules de notre corps, aux globules rouges du sang par exemple, on serait mort dans les trois mois parce que tous ces globules rouges sont remplacés par d'autres dans un délai relativement court. Comme pratiquement toutes les cellules du corps humain se renouvellent totalement tous les sept ans, l'identification à leur matérialité est donc absolument catastrophique au niveau élémentaire de la simple survie. Même si la logique de la matérialité de la maladie n'est généralement pas poussée aussi loin, elle conduit le malade à dépendre d'une intervention matérielle extérieure (chirurgie, médicaments allopathiques, rayons, chimiothérapie, etc.) pour croire qu'il pourra être guéri.

4. Le corps que l'on est

Cette conception générale du corps humain réduit à l'état d'objet inanimé ou de machine que l'on peut confier à un spécialiste, comme on remet sa voiture à un garagiste pour la réparer, est caractéristique du niveau socioculturel, et elle va se maintenir le plus souvent au niveau de l'ego individualiste tant que l'on n'aura pas surmonté la deuxième crise. C'est seulement à partir du troisième niveau que l'individu qui s'individualise découvre que ses processus physi-

(5) *"Je considère la réalité extérieure, ainsi que mes processus physiques, émotionnels, mentaux, spirituels et sexuels, avec un détachement total car je comprends que ma vraie conscience est permanente, immuable et que, de par sa tranquillité naturelle, elle est le témoin parfait."* (Oscar Ichazo : "LES QUATORZE PILIERS DE LA RECONNAISSANCE PARFAITE", revue *The Arican*, printemps-été 1989). Voir la présentation complète et les commentaires de ces "Quatorze Piliers" dans Études Holistiques n° 15 et 16 (Recouvrance, 1999).

ques et psychiques dépendent de son niveau de conscience [5], et que son corps est un organisme d'une grande finesse et d'une extrême complexité qui lui a été donné pour effectuer un parcours initiatique qui peut le conduire jusqu'à la rencontre du divin (le maître intérieur) dans son propre cœur ; c'est donc à lui qu'il appartient d'en prendre soin le mieux possible, et de comprendre la signification cachée et le potentiel de transformation dynamique que contient chacun de ses dysfonctionnements organiques.

Pour certains médecins encore peu nombreux mais dont le nombre va croissant, **la maladie est le signe d'un problème émotionnel qui empoisonne peu à peu l'organisme lorsqu'il est refoulé, créant ainsi une "biopathie", c'est-à-dire une pathologie cellulaire**, et leur diagnostic peut être une aide précieuse pour l'apprenant engagé dans la dimension verticale et qui a des problèmes de santé.

Par exemple, une migraine va être le signe d'un conflit de dévalorisation intellectuelle, une douleur d'estomac l'indication qu'il y a un événement que le sujet n'arrive pas à digérer parce qu'il ressent à tort ou à raison qu'il a été trompé ou trahi, une jambe cassée le signe d'une rupture importante de relation, etc. La maladie étant littéralement ce que *"le mal a dit"*, ces dysfonctionnements organiques et les maux qui leur sont associés nous donnent des informations sur les situations qui dérangent l'ego et auxquelles il n'est pas capable de s'adapter sans heurts ou de répondre avec fluidité : c'est donc une aide considérable pour l'évolution consciente que de savoir les interpréter.

Mais ce décryptage par la conscience des problèmes de santé auxquels a recours l'ego pour ne pas avoir à se remettre en cause peut aller encore plus loin et concerner des signes avant-coureurs d'un danger qu'un comportement égotique risque d'entraîner s'il n'est pas identifié à temps. Ce peut être, par exemple, une panne de voiture, le fait de se trouver mêlé à un conflit par lequel on n'est pas directement concerné, un dysfonctionnement matériel de la maison dans laquelle on vit, un problème grave concernant une personne à laquelle on est profondément attaché...

Ce sont ces corrélations temporelles entre un événement extérieur et un processus intérieur entre lesquels il n'y a aucune relation de cause à effet que Jung a étudiées sous le nom de SYNCHRONICITÉ (6), et c'est une grande richesse d'y être sensible et de pouvoir les associer à un travail conscient sur l'ego.

Tout "ce qui arrive" à son propre corps et à ses prolongements dans l'espace et dans le temps constitue donc un ensemble de signes que l'apprenant repère avec une perspicacité qui augmente au fur et à mesure qu'il avance dans l'exploration du troisième et du quatrième niveaux. Reprenant une distinction que K. Graf Dürckheim faisait entre *le corps que l'on a* et *le corps que l'on est*, Annick de Souzenelle disait : *"Lorsqu'on ne considère que le corps que l'on a, on le chosifie, on en fait un objet extérieur à soi. Prendre conscience du corps que l'on est, c'est le considérer dans la plénitude de ce qu'il est : il est le sanctuaire, l'athanor dans lequel se joue le Grand Œuvre de notre vie, en même temps que la matière première de ce Grand Œuvre. Nous avons à le construire en travaillant avec lui et sur lui".* (7) Toute épreuve qui affecte notre corps est comme un cri d'alarme surgissant de nos profondeurs pour nous inciter à changer le regard que nous avons sur nous-même et sur le monde, afin de nous libérer des peurs, des phobies et des autres émotions infantiles qui empêchent notre être essentiel de se révéler.

---

(6) C. G. Jung : "MA VIE" (Glossaire), Gallimard, 1966.

(7) Annick de Souzenelle (et Jean Mouttapa) : "LA PAROLE AU CŒUR DU CORPS". Albin Michel, 1993.

Épilogue.

PERSPECTIVES SUR LA RÉALITÉ ET SUR L'ILLUSION

Comme son titre l'indique, ce livre est un "ESSAI" sur la transcendance, c'est-à-dire *"un ouvrage de facture très libre traitant d'un sujet qu'il n'épuise pas ou réunissant des articles divers"*, selon la définition que donne le Petit Robert de ce terme.

Il propose un "MODÈLE" de l'évolution humaine, c'est-à-dire *"une représentation simplifiée d'un processus, d'un système"*, comme le dit encore le Petit Robert, ce qui suppose de définir certains termes essentiels en s'attachant seulement à la globalité du phénomène analysé. Cette approche correspond à ce que l'on appelle en éducation un objectif pédagogique visant le *"niveau information, sensibilisation"* (1), ce qui revient à donner sur un contenu intellectuel nouveau une vue d'ensemble de ce qu'il représente à un public qui ne l'a pas encore étudié.

---

(1) François Viallet et Bertrand Schwartz : "DES OBJECTIFS POUR UNE ÉDUCATION", Revue *Prospective*, n°14.

Cet ouvrage s'adresse à des individus curieux de ce qu'est la TRANSCENDANCE, et du rôle qu'elle peut jouer concrètement dans notre existence si nous acceptons de nous engager dans les expériences impliquées par ce que nous avons appelé le "travail vertical", travail qui a la particularité de pouvoir être réalisé dans n'importe quelle situation de la vie à partir du moment où nous tournons notre regard vers nous-même en cherchant à comprendre le sens de ce que nous vivons, en particulier lorsque nous nous trouvons, individuellement ou collectivement, en situation de crise.

Mais ce livre peut aussi intéresser des personnes engagées dans une voie spirituelle, donc déjà plus ou moins informées sur le but transcendantal qui est visé et sur ce qui est appelé "l'éveil" ou la "réalisation de soi", parce **qu'il apporte sur ce sujet un nouveau point de vue qui permet de renouveler et d'enrichir certaines conceptualisations ou représentations existant depuis des siècles et qui sont encore celles de maîtres réputés, tant orientaux qu'occidentaux**.

Une REPRÉSENTATION TRADITIONNELLE DE L'ÉVEIL est celle d'un passage soudain, mais parfois douloureux, d'un univers à un autre, un déplacement d'un monde qui paraissait réel, mais qui est en fait irréel, vers un autre monde qui semblait irréel et purement fantasmagorique, et qui se manifeste brusquement comme la seule réalité possible – toute autre réalité que celle-là s'avérant un rêve, une illusion [(2)]. Il y a donc un *avant* et un *après* de l'illumination, laquelle correspond à un basculement total et irrémédiable, sans possibilité de retour en arrière, dans un univers jus-

(2) *"Fondamentalement, l'éveil ne signifie qu'*une seule chose *: la réalisation soudaine que ce qui semble réel, est en fait irréel. Alors, vous ressentez l'irréel comme étant réel. Il y a un sens soudain de transcendance, une vision transcendante. Que tout cela soit un rêve n'est plus un concept. Cela devient une réalité."* (Ramesh S. Balsekar : "L'APPEL DE L'ÊTRE", Les Éditions du Relié, 1997).

qu'alors inconnu qui fonctionne selon d'autres lois, d'autres modalités que celles que nous connaissions (3).

Une telle représentation est difficilement compréhensible pour les personnes "rationnelles" qui sont identifiées au premier niveau, le niveau socioculturel, et généralement inacceptable pour celles qui voient le monde à travers le regard spécifique du deuxième niveau, celui de l'ego individualiste. C'est pourquoi elle rend caduc l'usage même de la raison pour les individus qui cherchent à atteindre le niveau transpersonnel et à qui l'on dit que seule la foi en un maître ou en une vérité révélée pourra leur permettre d'avancer vers la transcendance. Selon un tel système d'explication, lorsque l'éveil arrive, il ne peut qu'être perçu comme une grâce extraordinaire ou comme un cadeau de Dieu, pas comme le PRODUIT NATUREL DE LA CROISSANCE HUMAINE.

Le point de vue sur la réalisation de soi impliqué par ce type de représentation n'est pas faux en soi. Il est seulement difficile à assimiler et à intégrer parce que cette représentation d'une réalité qui se transforme soudain en illusion ne tient pas compte du temps, comme le fait la LOGIQUE FORMELLE. On débouche alors sur des paradoxes semblables à celui de la réalité irréelle qui a été analysé plus haut, paradoxes dont l'application pratique exige une gymnastique mentale à laquelle on n'est généralement pas entraîné, mais qui empêchent toute vision scientifique du mys-

(3) Une illustration de ce point de vue est donnée par l'éveillé occidental Edwin C. Smith, qui dit qu'il existe trois étapes ou niveaux dans l'évolution spirituelle : l'ignorance, l'éveil, et la réalisation. *"La première étape est l'ignorance, condition dans laquelle se trouvent la plupart des individus. Là, la relation avec le monde est lourdement chargée de formes d'esprit de toutes sortes : attachements, habitudes, croyances, émotions, etc. C'est une existence très conditionnelle. On est identifié avec le temps, l'activité, l'objectivité, les manipulations, le pouvoir, la négativité et le combat."* Mais l'ensemble du livre porte surtout sur la description de ce que sont pour l'auteur le deuxième et le troisième niveaux (dans "LE CHEMIN DE LA FOI : 1. LE MOUVEMENT ASCENDANT", Les Éditions du Relié, 1997).

ticisme, la science allant obligatoirement de pair avec l'exercice de la raison.

Il en va différemment si l'on utilise la TRIALECTIQUE, qui est une logique des processus permettant de définir l'illumination comme un état de conscience comportant différents degrés, et auquel on arrive grâce à un cheminement consistant à traverser des "points de passage obligé", appelés *Niveaux de Conscience,* dont les enchaînements doivent être définis de manière rigoureuse et vérifiés ensuite expérimentalement. Le processus de transformation impliqué par le cheminement à travers ces niveaux devient alors clairement explicable, au même titre que celui des transformations saisonnières sur l'ensemble de la planète qui montre qu'une saison existant dans l'un des hémisphères, par exemple le printemps ou l'été, implique naturellement dans l'autre hémisphère la saison opposée, l'automne ou l'hiver.

C'est ce deuxième point de vue qui est à l'origine de la conception et de la construction de ce livre, et c'est la raison pour laquelle il peut enrichir des chercheurs qui ne connaissent encore que le premier.

Au-delà de ses schématisations, cet essai a un autre intérêt : **celui d'éclairer sous un nouveau jour le vieux débat sur la réalité** auquel se sont livrés des philosophes, des sociologues, des scientifiques, et des mystiques. Existe-t-il une seule réalité, ou des réalités multiples qu'appréhendent toutes les formes, nuancées ou à l'emporte-pièce, de la subjectivité humaine ? *"De la réalité chacun se fait son idée",* dit Paul Watzlawick et il s'efforce de prouver que, *"de toutes les illusions, la plus périlleuse consiste à penser qu'il n'existe qu'une seule réalité"*, et que *"ce qui existe, ce sont différentes versions de la réalité, dont certaines peuvent être contradictoires, et qui sont toutes l'effet de la communication et non le reflet de vérités objectives éternelles."* (4).

---

(4) Paul Watzlawick : "LA RÉALITÉ DE LA RÉALITÉ", Éditions du Seuil, 1978.

Notre modèle des quatre niveaux de conscience propose une autre hypothèse. Celle qu'il existe au niveau socioculturel, régi par la logique formelle, des réalités multiples et effectivement contradictoires la plupart du temps, parce qu'elles correspondent à des affirmations dogmatiques qui sont inconciliables entre elles dans la mesure où elles reposent sur différents systèmes d'explication qui ne sont pas fondés sur les mêmes prémices. Ces contradictions s'atténuent un peu en se généralisant au niveau de l'ego individualiste, régi par la dialectique, parce que chacun se fait un point d'honneur à présenter une vision personnelle unique qui se démarque des autres points de vue ; si chaque personne se voit, ou voit quelqu'un d'autre tel qu'un être aimé, comme *"le plus irremplaçable des êtres"*, selon l'expression créée par André Gide [(5)], sa vision de la réalité est effectivement singulière, et elle mérite qu'on lui accorde de l'importance ou de l'intérêt.

À partir du niveau de l'individu individualisé, cet émiettement de la réalité dans des visions subjectives multiples commence à se réduire parce que l'on perçoit derrière tout phénomène la manifestation de principes centraux unificateurs, et qu'une VISION HOLISTIQUE ET HOLOGRAMMIQUE commence à s'installer. Mais lorsqu'on parvient au niveau transpersonnel, il n'y a plus qu'une seule réalité, que l'on peut alors appeler "divine" ou à laquelle on peut aussi donner d'autres noms, tout le reste étant soumis à la loi absolue de l'impermanence et de l'illusion.

Notre hypothèse est donc qu'il existe à la fois une réalité et des réalités, donc une vision absolue et une vision relative des choses, et que cela dépend non seulement du point de vue auquel on se place mais surtout des niveaux de conscience que l'on a intégrés, le dernier niveau supérieur donnant en fait son sens à tous les autres lorsqu'il a été atteint. Cela permet par conséquent de déduire l'exis-

---

(5) André Gide : "LES NOURRITURES TERRESTRES", Gallimard, 1935.

tence d'UNE SEULE RÉALITÉ en évolution, en mutation, réalité sur laquelle chaque niveau de conscience et chacun des degrés qui en font partie constituent des points de vue de plus en plus élevés, et de plus en plus inclusifs à partir du troisième niveau, lorsque la deuxième crise a été acceptée et dépassée.

C'est là tout le sens du travail sur la verticalité que nous proposons et qui débouche sur le constat que toute réalité humaine est composée de différentes stratifications, comme les couches géologiques d'un terrain. C'est ainsi que nous avons pu distinguer dans ce livre trois approches distinctes de la médecine, correspondant à la vision de la logique formelle, à celle de la dialectique, et à celle de la trialectique. Mais nous avons appliqué le même modèle ternaire, créé en 1981 par Oscar Ichazo [(6)], dans la quasi-totalité de nos travaux précédents : à l'apprentissage (avec les notions d'*apprenant-malgré-lui*, d'*apprenant modulaire*, et d'*apprenant intégré*), à l'enseignement, l'éducation et la formation (avec les notions d'*éducation du premier, du deuxième, et du troisième types*) [(7)], et nous l'avons fait aussi de manière succincte à propos de la politique et de l'astrologie [(8)] ... Mais la liste n'est pas close, et il serait possible de rendre compte des applications de ce modèle holistique à l'économie, à l'industrie et à leurs retombées sociales et écologiques [(9)].

(6) Comme nous l'avons déjà dit, le modèle des trois logiques a été créé par Oscar Ichazo dans "DE LA MÉTAPHYSIQUE À LA PROTOANALYSE : UNE THÉORIE POUR L'ANALYSE DE LA PSYCHÉ HUMAINE", Études Holistiques, 1995.

(7) Voir en particulier Olivier Clouzot : "ÉDUCATION DU TROISIÈME TYPE", dans "APPRENDRE AUTREMENT" (opus cité, 1997, 1998).

(8) Olivier Clouzot : "LETTRE OUVERTE À EDGAR MORIN", dans "*LA TRIALECTIQUE ET LE MODÈLE DES TROIS LOGIQUES DANS LE MONDE D'AUJOURD'HUI*", Éditions Holistiques, 1998.

À partir du moment où l'on comprend que toutes les manifestations individuelles ou collectives des êtres humains sont de nature évolutive, on commence à percevoir les vrais dangers que nous courons. Car si nous avons la possibilité d'évoluer vers des niveaux de conscience supérieurs, nous avons aussi celle de reculer, de régresser. C'est exactement ce que postule la trialectique d'Ichazo, avec sa *loi d'attraction ascendante ou descendante*. Or, le fait qu'actuellement, nous nous trouvions collectivement FACE À LA "DEUXIÈME CRISE" nous permet de pressentir que cette crise a de fortes chances de s'intensifier, voire de nous atteindre personnellement si nous ne sommes pas encore établis fermement dans le troisième niveau. Car si nous avons effectué quelques prises de conscience mais que nous continuons à nous laisser bercer par les illusions de l'ego, l'épreuve risque d'être très dure, comme c'est le cas pour les personnes qui sont touchées en même temps dans leur vie matérielle et dans leur vie affective, dans leur profession et dans leur santé : l'ampleur des efforts à consentir en même temps risque de les accabler.

Cette crise, c'est donc à nous de la surmonter, c'est notre responsabilité de contribuer à la résoudre, et nous n'avons pas d'autre choix, semble-t-il, que celui de nous engager avec toutes nos facultés dans les apprentissages verticaux que nous n'avons pas encore accomplis, par paresse ou par ignorance, parce que nous étions pris par d'autres engagements ou que nous n'avions pas encore compris l'URGENCE DU TRAVAIL VERTICAL pour notre survie.

Certes, de graves dangers nous menacent, mais ils ne sont peut-être que le prix à payer pour **la chance extraordinaire dont nous bénéficions de vivre à une époque**

(9) Voir quelques ébauches d'application du modèle des trois logiques à l'économie dans Olivier Clouzot : "ÉVOLUTION DE LA CONSCIENCE ET TRANSFORMATION DE LA SOCIÉTÉ" ("ÉDUCATION POUR LE TROISIÈME MILLÉNAIRE", Éditions Holistiques, 1999).

où de multiples possibilités, qui n'avaient jamais existé avant, nous sont maintenant offertes. Le changement de paradigme, et de logique, qui commence à s'opérer nous permet effectivement de comprendre que des contradictions autrefois irréductibles peuvent maintenant être dépassées : c'est en particulier le cas pour la science et la religion, la connaissance et la foi, qui correspondent à une double approche des problèmes que nous avons à résoudre et dont on perçoit maintenant la complémentarité. Ces approches sont totalement différentes, et elles ne peuvent pas être mélangées ni confondues, mais il est bien connu maintenant qu'elles ne sont pas incompatibles et qu'il peut être avantageux de tenir compte des deux : une même personne peut être à la fois religieuse et scientifique, comme l'étaient par exemple Pascal et Teilhard de Chardin, et une voie spirituelle construite sur la connaissance peut conduire au même but qu'une voie fondée sur la foi car, au niveau transpersonnel, FOI ET CONNAISSANCE sont liées.

Nous devons remarquer enfin, et c'est un des apports fondamentaux de ce livre, que nous bénéficions aussi maintenant de toutes les ressources de l'apprentissage, qui sont immenses à partir du moment où l'on connaît la logique et les facteurs qui le fondent, et où nous les utilisons consciemment pour accélérer notre processus. Les trois facteurs que sont le *rôle de l'information*, le *rôle de l'autre*, et le *rôle du groupe*, sont des atouts que l'on a tout intérêt à combiner de différentes manières pour rendre notre processus d'apprentissage plus dynamique et plus motivant.

Alors, que nous reste-t-il à faire ? À utiliser ces ressources propres à l'apprentissage afin d'ENTRER DANS LE TROISIÈME NIVEAU, celui de l'individu individualisé, et d'en explorer les richesses inattendues, qui ne sont qu'un avant-goût de celles dont le niveau transpersonnel pourra par la suite nous combler. Concrètement, cela signifie que nous devons concilier le travail théorique et le travail pratique, aller à la rencontre des maîtres spirituels et de leurs enseignements oraux et écrits, travailler dans des groupes d'apprentissage, rechercher des compagnons de route avec lesquels on pourra partager nos expériences, APPRENDRE À MÉDITER car c'est une méthode souveraine pour observer les "cabrioles de l'ego", comme le dit Ramesh Balsekar (10).

Il faut donc chercher patiemment sa voie jusqu'à ce qu'on la trouve, pour ensuite la suivre avec détermination malgré les résistances intérieures et les écueils extérieurs qui ne manqueront pas de se présenter ; mais il faut apprendre à en identifier les pièges, et ne pas rester prisonnier d'une vision dogmatique dont certains types d'ego raffolent particulièrement. Il est recommandé dans tout cela de SUIVRE SON CŒUR (11) en étant soi-même sans ostentation ni crispation, mais en acceptant aussi de se transformer ou se laisser transformer afin d'aller, progressivement ou soudainement, vers des dimensions de l'être et de la vie que nous ne connaissons pas encore, même si nous avons lu beaucoup de livres sur ce sujet.

---

(10) *"Pourquoi combattre l'ego ? Contentez-vous d'observer ses cabrioles. Quand l'ego fait quelque chose, c'est le même mental égotique qui dit : « Il ne faut pas faire cela ». Une fois que cela est compris, vous ne luttez plus contre l'ego, vous vous contentez d'en être témoin, l'ego n'est plus un obstacle, un ennemi. L'ego est juste une fiction. Pourquoi combattre une fiction ?"* (Ramesh S. Balsekar : "L'APPEL DE L'ÊTRE", opus cité).

(11) L'expression *"suivre son cœur"* rend compte, avec beaucoup de simplicité, de la force énergétique du premier facteur de l'apprentissage, la **motivation**, facteur essentiel qui contient en lui-même un pouvoir de transformation considérable.

DEMANDE DE DOCUMENTATION

À découper et à retourner à :
OLIVIER CLOUZOT
aux bons soins des éditions
Le Souffle d'Or
BP 3
05300 Barret-le-Bas

☐ Veuillez me faire parvenir une documentation complète sur les Services Éducatifs de Recouvrance et sur les « Eudes Holistiques » que vous diffusez.

☐ Veuillez me faire parvenir vos informations sur les séminaires « Animer, Communiquer Autrement », et sur les autres activités que vous proposez.

Merci de m'adresser rapidement ce courrier à l'adresse suivante :

Nom et prénom : . . . .

Adresse : . . . .

Code Postal : . . . . Ville : . . . .

Pays : . . . .

Profession et entreprise (facultatif) : . . . .

. . . .

par lienhart

Achevé d'imprimer,
d'après les documents fournis,
en mai 2000
IMPRIMERIE LIENHART
à Aubenas d'Ardèche

Dépôt légal mai 2000

N° d'imprimeur : 2319

Printed in France